EMC Español 4

¡Aventura!

Workbook

Graciela Ascarrunz Gilman
Kimberley Sallee

EMC Publishing

ST. PAUL • LOS ANGELES • INDIANAPOLIS

Editorial Director: Alejandro Vargas

Product Manager: Charisse Litteken

Production Editor: Bob Dreas

Developmental Editor: Tanya Brown

Cover Designer: Leslie Anderson

Composition: Desktop Solutions

Proofreader: Gilberto Vazquez

Illustrations: Rolin Graphics, Inc.

Care has been taken to verify the accuracy of information presented in this book. However, the authors, editors, and publisher cannot accept responsibility for Web, e-mail, newsgroup, or chat room subject matter or content, or for consequences from application of the information in this book, and make no warranty, expressed or implied, with respect to its content.

We have made every effort to trace the ownership of all copyrighted material and to secure permission from copyright holders. In the event of any question arising as to the use of any material, we will be pleased to make the necessary corrections in future printings. Thanks are due to the aforementioned authors, publishers, and agents for permission to use the materials indicated.

Adapted from Nuevos horizontes: Leguna, conversación y Literatura, 1E by Graciela Ascarrunz Gilman, Nancy Levy-Konesky, Karen Daggett © 2006 John Wiley & Sons, Inc. Published by arrangement with John Wiley & Sons, Inc.

ISBN 978-0-82193-941-3

© 2009 by EMC Publishing, LLC
875 Montreal Way
St. Paul, MN 55102
E-mail: educate@emcp.com
Web site: www.emcp.com

Printed in the United States of America

16 15 14 13 12 11 10 09 08 07   1 2 3 4 5 6 7 8 9 10

Contenido

Credits

p. 14: Adapted from Primer cursillo... from *Cambio 16,* October 31, 1991, p. 28; **p. 29:** Mena comic strip from *Semana,* No. 2.6477, November 7, 1990. p. 59; **p. 32:** Price list from Parador de turismo, C/ Ancha, 6, 10003 Cáceres, Spain; Bill from Hotel Carlos V, Toledo, Spain; **p. 38:** "Diccionario" by Eva Piquer, from *Woman,* No. 34, July 1995, p. 54; **p. 39:** "Spanglish: Un lengua entre dos mundos" by Eva Piquer, from *Woman,* No. 34, July 1995, p. 50-54; **p. 47:** Juan Ballesta (comic strip) from *Cambio 16,* No. 967, June 4, 1990, p. 209, Madrid, Spain; **p. 49:** Adapted from Ads from *El País,* October 25, 1990, p. 11; **p. 54:** Ad for "Caja Laboral" from *El periódico universitario,* Bilbao Spain; **p. 65:** Misha Lenn; **p. 81:** "Mi papá me mima" by Luis Pazos and Diego Rosemberg, from *Viva, La revista de Clarín,* No. 978, January 29, 1995, pp. 24-28; **p. 85:** Adapted from Ads from *Segundamano,* February 18, 1991, p. 10; **p. 91:** Adapted from "Obtención del voto femenino" and "Primera mujer ministra" by Carlos Solanes, from *Woman,* No. 34, July 1995, p. 38; **p. 96:** Adapted from "Empresas para todo" from *El País,* No. 110, año 111, November 24/25, 1990; **p. 106:** Brochure from Fundación Solidariadad Democrática, Madrid, Spain; **p. 107:** Adapted from "El gigante se mueve" by Carlos Solanes, from *Woman,* No. 34, July 1995, p. 40; **p. 114:** Adapted from "Te echamos un cable" from *Diario 16,* November 18, 1990, p. 75; **p. 122:** "¿Esto te ayuda?" from *Vogue España,* No. 27, June 1990, p. 73; **p. 135:** Adapted from "Colocaciones: Ofertas/Demandas" from *El diario vasco,* January 5, 1991, p. 51; **p. 159:** Adapted from "Cataratas Iguazú" from *El País Semanal,* No. 219, April 30, 1995, pp. 52-58, **p. 163:** Seal from Empresa Mate Larangeira Mendes, S.A., San Martín 483, Buenos Aires, Argentina; **p. 176:** "La cabalgata..." from *El diario vasco,* January 5, 1991, p. 16; **p. 181:** Adapted from Lugo and Fiestas from Xunta de Galicia, Secretaria Xeral Para O Turismo, Galicia, Spain; **p. 190:** Ad for Radio Nacional de España, from *El País Semanal,* No. 218, April 23, 1995; **p. 192:** Ad for Radio Nacional de España, from *El País Semanal,* No. 218, April 23, 1995; **p. 200:** "Al ritmo del basket" from *Diario 16,* "Gente," Revista Semanal, No. 84, Año 11, November 18, 1990, p. 92; **p. 201:** Barrido telefónico from *ABC,* November 18, 1990, p. 22, Madrid, Spain; **p. 202:** Adapted from "A corazón abierto" by María Teresa San Andrés from Periodistas, No. 36, August/September 1990, p. 6. Published by Associación de la Prensa de Madrid.

Capítulo 1

1 Cortesías de la vida

Conteste las preguntas.

1. ¿Cómo presentas a un(a) amigo/a?

   _____

   _____

2. ¿Qué dices al entrar a la oficina del departamento de español?

   _____

   _____

3. Si deseas solicitar alguna información a una persona que conoces, ¿qué le dices?

   _____

   _____

4. ¿Cómo recibes a un(a) compañero/a de clase que viene a tu casa para estudiar?

   _____

   _____

5. Si quieres ir al cine con un(a) amigo/a, ¿qué le propones?

   _____

   _____

6. Si necesitas ayuda con tu tarea de español, ¿cómo la solicitas?

   _____

   _____

7. Cuando cometes un error, ¿cómo pides disculpas?

   _____

   _____

8. Si alguien te cuenta algo muy triste, ¿qué exclamas?

   _____

   _____

9. Si tu amigo/a llega muy tarde a la cita, ¿qué dices?

   _____

   _____

10. Cuando la clase termina, ¿cómo te despides de tu compañero/a?

    _____

    _____

2 El primer día de clase

Ud. no conoce a su compañero y, antes de llegar el profesor, Uds. conversan. ¿Cuál es la pregunta? Complete el diálogo con oraciones interrogativas.

1. —¿ _____ ?

   —Me llamo Luis Alfredo.

2. —¿ _____ ?

   —Soy de Venezuela.

3. —¿ _____ ?

   —Vivo con unos amigos de mi familia.

4. —¿ _____ ?

   —Mi familia está en Caracas.

5. —¿ _____ ?

   —Tengo diecinueve años.

6. —¿ _____ ?

   —Mi cumpleaños es el tres de abril.

7. —¿ _____ ?

   —Estudio matemáticas.

8. —¿ _____ ?

   —Mis clases terminan a las tres de la tarde. A esa hora podemos vernos.

3 En otra parte de la clase

María Ángeles y Óscar también conversan. Óscar desea conocer a María Ángeles porque ella parece muy simpática. Él le hace muchas preguntas. Complete el diálogo e imagine las respuestas de María Ángeles.

1. —¡Hola!, ¿cómo estás?

    — _____

2. —Yo me llamo Óscar. Y tú, ¿cómo te llamas?

    — _____

3. —¿Eres estudiante en esta clase?

    — _____

4. —Pareces muy joven. ¿Cuántos años tienes?

    — _____

6. —Después de clase tengo tiempo libre. ¿Quieres tomar un café conmigo en la cafetería de la universidad?

    — _____

    —Muy bien. Entonces, ¡hasta luego!

4 ¿Qué? o ¿Cuál(es)?

Complete el diálogo con la palabra apropiada.

PROFESOR: ¿(1)_____ es la estudiante que quiere verme?

ASISTENTE: Es Patricia Ramos, la muchacha venezolana que llegó la semana pasada.

PROFESOR: ¿Sabe Ud. (2)_____ desea?

ASISTENTE: Desea consultar el significado de dos palabras que no se usan en su país.

PROFESOR: ¿(3)_____ son esas palabras? A ver, dígale que pase.

* * *

PATRICIA: Buenas tardes, Profesor Fuentes. ¿Podría decirme (4)_____ se

              entiende por "ligar con un(a) muchacho(a)"?

PROFESOR: Ligar es una palabra familiar que usan los jóvenes en España al empezar una

              relación.

              ¿(5)_____ palabra usan Uds. en Venezuela?

PATRICIA: Usamos el verbo "empatarse"; por ejemplo "Me empaté con Carlos".

PROFESOR: ¿(6)_____ es la otra palabra que no conoce?

PATRICIA: ¿(7)_____ quiere decir "ir de tapas"?

PROFESOR: Bueno, esa es una costumbre muy española. Es salir con amigos e ir de

              establecimiento en establecimiento probando pequeñas porciones de comida.

PATRICIA: Muchísimas gracias por la información. Hasta luego.

5 Una oportunidad única

Imagine que Ud. entra en la cafetería de moda de su ciudad y, de repente, ve a Christina Aguilera o a Enrique Iglesias. ¡Amor a primera vista! Parece muy enigmático/a y Ud. le mira fijamente. Desearía saberlo todo sobre él/ella, y a la vez, convencerle de que Ud. no es sólo un(a) aficionado/a loco/a. De repente, él o ella se acerca y le dice:

ENRIQUE O CHRISTINA: El seis es mi número de la suerte. Por eso puedes hacerme seis preguntas para conocerme mejor. Sólo hay una condición: cada pregunta tiene que empezar con una palabra interrogativa diferente: **¿qué?, ¿cómo?, ¿cuándo?, ¿cuánta?, ¿cuántos?, ¿por qué?, ¿quién?, ¿hace cuánto?, ¿cuál?**

_____

_____

_____

_____

_____

_____

6 ¡Qué buenas vacaciones!

Mientras está en la librería, comprando los libros para sus clases nuevas, ve a su amiga María y le pregunta sobre las vacaciones. Ella empieza a contarle todo lo que le ocurrió durante las vacaciones. Complete la siguiente conversación con la exclamación apropiada.

¡Qué suerte!   ¡Qué caros son!   ¡Qué bueno!

¡Qué lástima!   ¡Qué increíble!

TÚ: ¡María! ¿Cómo estás?

MARÍA: Muy bien, ¿y tú?

TÚ: Bien. No puedo creer que ya empieza otro semestre. Y mira todos los libros que

tengo que comprar. (1)_____ ¿Cómo te fue en las vacaciones?

MARÍA: Muy bien. ¡Pero no vas a creer lo que me pasó! Quería encontrar un trabajo buenísimo para las vacaciones cuando recibí una llamada de Disney World. Me ofrecieron un trabajo en la Florida con un sueldo del doble de lo que esperaba.

TÚ: (2)_____

MARÍA: Pero hay más. ¡El primer día, David Bisbal, el cantante español que tanto me gusta, vino al parque con unos amigos y lo conocí! Me presenté, hablamos un poco, y de repente me invitó a una fiesta.

TÚ: (3)_____

MARÍA: Sí, eso creía yo también, hasta que el que llegó a recogerme no fue David sino su amigo, Miguel. Me dijo que David tenía que ir a España urgentemente y que él, Miguel, me iba a acompañar esa noche.

TÚ: (4)_____

MARÍA: ¡Sí! Miguel era simpático pero no tan guapo como David.

TÚ: (5)_____ Me encantaría escuchar más, pero tengo que ir a clase. ¿Quieres tomar un café después para hablar más de tus aventuras?

MARÍA: Está bien. ¡Hasta luego!

TÚ: ¡Hasta luego!

7 ¡Cuánto me gustan las tarjetas!

A. María Elena y Armando ya son novios. Todavía recuerdan su primera cita, cuando fueron al cine. Hoy es su aniversario. María Elena quiere comprar algo para Armando. Ella entra en una librería y encuentra la tarjeta perfecta para él. Complete las exclamaciones de María Elena con la palabra exclamativa apropiada.

¡(1)_____ me gusta esta tarjeta!

¡(2)_____ graciosa y original es!

¡(3)_____ se va a reír Armando con ella!

¡(4)_____ apropiada es para nosotros!

B. Diseñe y escriba su propia tarjeta. Después, envíela a un amigo o una amiga que acaba de conocer en su clase de español. Escriba frases en ella utilizando los exclamativos. Use una hoja de papel aparte.

> **MODELO**   ¡**Cómo** me alegra ser tu compaño/a de clase!
> ¡**Cuánto** me gusta el español!
> ¡**Qué** bien la paso en clase contigo!

8 El artículo definido

Complete las oraciones con el artículo definido. Recuerde que **de + el** forman la contracción **del** y que **a + el** forman la contracción **al**.

1. _____ información sobre _____ turismo en Cuba es interesante.

2. No sabía que _____ población de Cuba era de más de once millones de personas.

3. José Martí, un autor cubano, fue uno de _____ iniciadores de _____ "modernismo", un movimiento literario.

4. _____ instauración de _____ comunismo fue una de _____ causas de _____ embargo contra Cuba por parte de _____ Estados Unidos.

5. Muchas personas están en contra de _____ embargo porque afecta mucho a _____ pobres y a _____ personas que no pueden controlar _____ situación.

6. Otros están a favor de _____ embargo porque presiona a _____ presidente Fidel Castro.

9 El artículo indefinido

Complete las oraciones con el artículo indefinido. Si no es necesario, deje el espacio en blanco.

1. _____ revista como *People* en español tiene muchas fotos de personas famosas.

2. Elvis Crespo, _____ salsero neoyorquino, tiene _____ canciones premiadas.

3. _____ persona bilingüe en los Estados Unidos tiene _____ ventaja cuando busca trabajo porque puede hablar con más personas que alguien que sólo habla _____ idioma.

4. En los años recientes, se ha visto _____ aumento en el número de personas que hablan _____ otro idioma (además del inglés) en los Estados Unidos.

5. Algunas de esas personas son inmigrantes, pero _____ otras son ciudadanas de los Estados Unidos.

10 ¿Cuál?

Use el artículo definido o el artículo indefinido o ninguno de los dos.

Él es (1)_____ estudiante de biología. Y, de hecho, él es (2)_____ buen estudiante de biología. Se llama Roberto y es (3)_____ americano. Roberto es (4)_____ chico simpático, pero no tiene (5)_____ novia. Por tanto, (6)_____ guapo Roberto a veces está triste.

(7)_____ viernes pasado, él llegó a (8)_____ Bilbao, en España. Y hoy acaba de matricularse en (9)_____ escuela de Medicina de esta ciudad. A Roberto siempre le ha gustado (10)_____ español como lengua. Y sabe hablar (11)_____ español muy bien. Pero hace muchos años que no practica, y hoy, (12)_____ primer día de clase, él no ha podido entender ni una sola palabra.

Al principio de la clase, su compañera de clase se ha acercado a él. Se llama Maribel. Y han mantenido la siguiente conversación:

MARIBEL: ¡Hola, chico! ¿Qué hora es?

ROBERTO: Son (13)_____ diez y media de (14)_____ mañana.

MARIBEL: Estoy super cansada. Es (15)_____ primer día de clase y ya estoy aburrida.

ROBERTO: ¿Qué día es hoy?

MARIBEL: ¿Estás bromeando? Hoy es (16)_____ lunes. Hoy es 20 (17)_____ de septiembre y hoy empezamos en la universidad.

ROBERTO: Perdona. Mi español es pobre todavía. Quería preguntarte qué clase hay ahora.

MARIBEL: (18)_____ clases de biología marina son siempre (19)_____ lunes a (20)_____ diez y media de la mañana. Y tenemos que ir al laboratorio (21)_____ martes a (22)_____ once y media.

ROBERTO: Gracias por (23)_____ información. A propósito, ¿sabes?, a mí me gustan las chicas con ojos verdes; y tus (24)_____ ojos son preciosos.

MARIBEL: Gracias por el piropo. Ahí llega (25)_____ señor Menéndez, nuestro profesor

de biología. (26)_____ señor Menéndez es (27)_____ persona muy seria y no

podemos hablar en clase.

ROBERTO: Muy bien. Nos veremos después de clase entonces.

11 La desilusión

Después del encuentro con Christina Aguilera o Enrique Iglesias, Ud. supo que no fue amor a primera vista como pensaba. También tiene una amiga, Pepa, que acaba de sufrir una desilusión de amor. Así que Uds. deciden poner un anuncio en el periódico. El primer anuncio es el de su amiga. Complételo con adjetivos calificativos que expresen su nacionalidad, religión y características personales.

Después de una desilusión, necesito volver a creer en alguien. Soy una chica de 19 años. Soy _____ y _____. Soy _____,
                              (1. nacionalidad)   *(2. religión)*   *(3. características personales)*
_____, _____ y de buenos sentimientos. Me gustaría mantener correspondencia con un muchacho _____,
                                                                    (4. características personales)
_____, y aficionado a la música _____. Si eres una
                                              (5. tipo de música)
persona _____, no me escribas, perderías tu tiempo.
          (6. característica negativa)

Pepa Guzmán Mora. Urbanización Villa Hermosa, Torre B, Alicante.

12 El mensaje

Lea el mensaje de Carla y complete con el adjetivo posesivo el diálogo entre Armando y Elena.

> *Armando,*
> *No encuentro mis libros. Como ayer estu-*
> *diamos juntos en tu casa, pienso que los he*
> *dejado en tu cuarto. Si es así, llámame por*
> *teléfono y mañana pasaré por ellos.*
> *Carla*

ARMANDO: Recibí este mensaje de (1)_____ amiga Carla.

ELENA: ¿Y qué dice (2)_____ amiga?

ARMANDO: Dice que no encuentra (3)_____ libros.

ELENA: Pero, ¿dónde pueden estar?

ARMANDO: Ella piensa que los dejó aquí porque ayer estudiamos juntos. He revisado todo

(4)_____ cuarto y no los encuentro.

ELENA: Siempre es lo mismo. Parece que Carla se pasa la vida buscando

(5)_____ cosas. Y lo peor es que siempre cree que las ha

dejado en casa de (6)_____ compañeros. ¡Por suerte ella no es

(6)_____ amiga!

13 La invitación

Complete el diálogo con el demostrativo correspondiente. Recuerde que el pronombre lleva acento escrito.

ELENA: ¡Mira (1)_____ invitaciones!

AMELIA: ¿Cuáles?

ELENA: (2)_____ que tengo en la mano.

AMELIA: ¿Son para nosotras?

ELENA: Sí, son para una consumición en la discoteca "Jigjog".

AMELIA: ¿Dónde está (3)_____ discoteca?

ELENA: En la calle Orense.

AMELIA: ¿Son para (4)_____ sábado?

ELENA: ¡Claro que no! Sólo sirven de lunes a viernes.

AMELIA: En (5)_____ caso no nos interesa (6)_____ invitación. Nosotras queremos divertirnos (7)_____ fin de semana.

14 Demostrativos y posesivos

Elena y Amelia no van a la discoteca. Pero Roberto sí va. A Roberto le gusta observar a las personas y descubre, entre la gente, a un grupo de tres chicas muy divertidas. Esas chicas están cotilleando.

Escriba el posesivo (P) o demostrativo (D) apropiado en el siguiente diálogo.

ANA: ¡Hola, chicas! ¿Cómo estáis? Me encantan (1. P)_____ vestidos de noche.

PILI: Ah, ¿sí? A mí también me gusta (2. P)_____ vestido. ¿Dónde te lo has comprado?

ANA: Esto es un secreto, pero en realidad, ¡(3. D)_____ no es (4. P)_____ vestido!

PILI: Ah, ¿no? ¿Y de quién es entonces?

ANA: Es de (5. P)_____ hermana. Y si me ve, me mata.

MARISA: ¿Y por qué le has "robado" (6. P)_____ vestido a tu hermana?

ANA: ¿Por qué? Porque los vestidos de noche son carísimos. ¿Ves a

(7. D)_____ chica que está justamente detrás de mí?

(8. P)_____ vestido debe costar más de 200 euros. ¿Y

ves a (9. D)_____ chica que está justamente detrás de ti?

(10. P)_____ vestido cuesta aproximadamente 250 euros. ¿Y

ves a (11. D)_____ chicos guapísimos que están al otro lado

del salón de fiesta? Yo creo que sólo (12. P)_____ corbatas ya
cuestan una millonada.

MARISA: Todos (13. P)_____ vestidos los he comprado en las rebajas. No

puedo gastar mucho dinero en (14. D)_____ cosas. Además, un

vestido caro no es lo mismo que un vestido bonito.

PILI: En eso tienes razón. ¿Habéis visto a (15. D)_____ chicas que
están justo a tu izquierda, Ana?

MARISA: Sí, (16. P)_____ vestidos son feísimos y carísimos. Y, además,
me he dado cuenta de que ellas nos están mirando y están cotilleando sobre

(17. P)_____ tres vestidos.

ANA: ¿Y veis a (18. D)_____ chico moreno que está a unos

veinte metros de nosotras? Me gustan (19. P)_____

jeans y (20. P)_____ camiseta azul oscura. Me

gusta (21. P)_____ forma de vestir sencilla.

(22. D)_____ chico tiene estilo y no ha gastado
mucho dinero en ropa.

MARISA: ¡Oh! Viene hacia aquí. ¡Horror! Sabe que estábamos cotilleando.

ROBERTO: ¡Hola, chicas! ¿Cómo están esta noche? Todas tienen unos ojos preciosos. Sí, me

gustan (23. P)_____ ojos. Hay un dicho que dice "Los ojos son
el espejo del alma". Y hay otro dicho que dice "El hábito no hace al monje".

15 Para ligar

Lea con atención el siguiente artículo que apareció en Diario 16 y haga la actividad.

SAN SEBASTIAN DE LOS REYES

Primer cursillo municipal de métodos para «ligar»

SERVIMEDIA

Treinta jóvenes de San Sebastián de los Reyes participaron el fin de semana pasado en el curso organizado por el Ayuntamiento de la localidad sobre «Técnicas y habilidades para ligar. ¿Quieres salir conmigo?».

Este proyecto educativo municipal, que aborda técnicas de comunicación y seducción, es el primero de estas características que se desarrolla en España, según explicaron los organizadores del curso, celebrado en la Casa de Cultura.

En el monográfico, dirigido por el psicólogo Pedro Gutiérrez, intervinieron treinta jóvenes de ambos sexos, edades comprendidas entre los 14 y los 18 años y procedencia social variada, ya que figuraban desde universitarios hasta trabajadores y también personas paradas.

El curso, estructurado en tres fases —aproximación, contacto y mantenimiento—, se desarrolló en grupos reducidos a base de crear psicodramas y situaciones reales que eran grabadas en vídeo. Los responsables

del programa trabajaron con insistencia en el lenguaje no verbal y en enseñar a utilizar el oral.

«No intentamos dar recetas, sino simplemente aconsejar, por ejemplo, que no hay que ser muy directo al hablar cuando queremos ligar», señaló Fabiola Muñoz, educadora social.

Las clases fueron de dos horas y media cada una, y hubo una última sesión que sirvió de clausura en una discoteca de la localidad, por considerarla un medio más adecuado a las *materias* impartidas en el curso.

Escoja la terminación correcta para cada oración.

1. El pasado fin de semana en el curso llamado "Técnicas y habilidades para ligar" participaron…
   A. muchas personas.
   B. 40 muchachos.
   C. 30 jóvenes de ambos sexos.

2. Los organizadores del curso explicaron que se trata de…
   A. un tercer cursillo local.
   B. un primer cursillo municipal.
   C. un segundo cursillo educativo.

3. A este proyecto educativo asistieron jóvenes de edades comprendidas entre…
   A. los 18 y los 20 años.
   B. los 14 y los 28 años.
   C. los 14 y los 18 años.

4. Los participantes en el cursillo eran…
   A. de diferentes niveles sociales.
   B. universitarios.
   C. trabajadores.

5. Las clases de este primer cursillo municipal fueron de…
   A. dos horas y media.
   B. una hora y media.
   C. una hora.

16 La amistad

Complete el párrafo con la(s) palabra(s) apropiada(s). Se pueden usar las expresiones más de una vez. Recuerde usar la forma verbal correcta.

a causa de	la(s) pregunta(s)	por qué	hacer pregunta(s)
cuestión(ones)	preguntar porque	porque	pregunto

(1)_____ los problemas que tienen algunos jóvenes para hacer amistades, en la ciudad de Santander se dictó el primer cursillo sobre "Técnicas y habilidades para ligar". Ahora, yo me (2)_____ a mí mismo(a) si muchachos tan jóvenes deben participar en cursos de este tipo. Son tres (3)_____ que van a necesitar respuestas.

¿(4)_____ hacer de la amistad un proyecto de aprendizaje?

¿(5)_____ estructurar la comunicación en tres fases?

¿(6)_____ intentar dar recetas en (7)_____ de amistad y amor?

　　Para mí, la comunicación es una (8)_____ personal que depende de cada uno (9)_____ no todos los seres humanos son iguales. El lenguaje no verbal viene del corazón y un(a) joven no puede (10)_____ íntimas sobre lo que siente el corazón.

17 La vida universitaria

Lea el artículo y conteste las preguntas.

EL PERIÓDICO DE ¡Aventura!

Sección Cultura   Ejemplar gratuito

¡Adiós a las faldas de mamá!

Como todos los setiembres de cada año, los colegios mayores y los pisos para estudiantes en las ciudades universitarias dan la bienvenida a los recién llegados

Muchos estudiantes españoles van a la universidad cuando tienen 18 años. En ese momento, muchos chicos y chicas tienen que salir de la casa de sus padres en sus ciudades natales. Tienen que decidir dónde vivir.

En los campus universitarios, las opciones de vivienda son básicamente dos: compartir un apartamento con otros estudiantes o vivir en un colegio mayor.

Generalmente, los estudiantes prefieren ir a un colegio mayor durante el primer año. Así, ellos pueden conocer a gente nueva, hacer amigos y seleccionar a sus futuros compañeros de piso.

Las desventajas de los colegios mayores son muchas. Son más caros que el alquiler de un apartamento. Los horarios son más estrictos y algunos colegios limitan las salidas nocturnas. La comida no suele ser muy buena porque es difícil cocinar para más de cien personas.

Sin embargo, las ventajas también son muchas. En un colegio mayor, los recién llegados pronto hacen amigos. También, se crea un buen ambiente de estudio y se organizan grupos de amigos para estudiar juntos. Otra ventaja es que los estudiantes no pierden tiempo cocinando o lavando los platos. Y otra cosa ¡inolvidable! es la fiesta que cada colegio mayor organiza anualmente. Los residentes de otros colegios mayores asisten a esa fiesta. Hay música, baile, comida, bebida. Y se dan premios a los residentes más simpáticos, más guapos o más estudiosos.

Muchos residentes abandonan el colegio mayor después de un año o dos años, porque están cansados de tantas fiestas diarias y porque desean vivir con sus mejores amigos. Entonces alquilan un apartamento. Pero ninguno olvida "los mejores años de la vida universitaria" en el colegio mayor. Vivir en un colegio mayor es, en cierta manera, una locura maravillosa para decir adiós a las faldas de mamá y decir hola a la vida independiente.

1. ¿Cuándo van a la universidad muchos estudiantes españoles?

   _____

2. ¿De dónde salen muchos chicos y chicas en ese momento?

   _____

3. ¿Cuáles son las opciones de vivienda en los campus universitarios?

   _____

   _____

4. ¿Por qué los estudiantes prefieren ir a un colegio mayor durante el primer año en la universidad?

   _____

   _____

5. ¿Cuáles son las desventajas de los colegios mayores?
   A. _____
   B. _____
   C. _____

6. ¿Cuáles son las ventajas de los colegios mayores?
   A. _____
   B. _____
   C. _____
   D. _____

7. ¿Qué hay en la fiesta que cada colegio mayor organiza anualmente?

   _____

8. ¿Por qué abandonan muchos residentes el colegio mayor después de un año o dos años?

   _____

   _____

9. Según el artículo, vivir en un colegio mayor es una locura maravillosa, ¿para qué?

   _____

   _____

18 El debate

Imagine que Ud. está participando en un debate informal y tiene que defender su preferencia (vivir en un colegio mayor o vivir en un apartamento compartido). Organice sus argumentos para lograr convencer a sus contrarios.

_____

_____

_____

_____

_____

_____

_____

_____

_____

19 Preguntas personales

Conteste las siguientes preguntas.

1. ¿Qué es para ti la amistad?

   _____
   _____

2. ¿Qué haces cuando deseas hacer nuevas amistades?

   _____
   _____

3. En esta universidad, ¿dónde y cómo se puede hacer amigos?

   _____
   _____

4. Cuando un(a) muchacho(a) te invita a una fiesta y tú no deseas salir con él (ella), ¿qué le dices?

   _____
   _____

5. Y si deseas ir con él(ella) pero no lo(la) conoces bien, ¿qué le dices?

   _____
   _____

6. Cuando buscas la compañía de un(a) amigo(a), ¿prefieres una persona inteligente?, ¿divertida?, ¿romántica?, ¿artística? Explica por qué.

   _____
   _____

7. ¿Crees que es más difícil para la mujer que para el hombre hacer amistades hoy día? ¿Por qué?

   _____
   _____

Capítulo 2

1 El vuelo

Para cada uno de los siguientes verbos, dé la palabra de vocabulario relacionada y escriba una oración utilizándola en el tiempo presente.

MODELO   mostrar   <u>el mostrador</u>
<u>Voy al mostrador cuando llego al aeropuerto para facturar</u>
<u>el equipaje.</u>

1. sentarse   _____
   _____
   _____

2. salir   _____
   _____
   _____

3. llegar   _____
   _____
   _____

4. aterrizar   _____
   _____
   _____

5. despegar   _____
   _____
   _____

6. esperar   _____
   _____
   _____

2 Tanto tiempo sin verte

Ana Cristina y su primo César eran muy amigos cuando eran niños. Pero César emigró de España a los Estados Unidos con sus padres. Hace siete años que César y Ana Cristina no se ven. Cuando ella llega a Nueva York para una visita, César apenas puede reconocerla. Ella ya tiene dieciocho años y está muy diferente y muy bonita. Complete el diálogo, poniendo el pronombre personal adecuado sólo si es necesario.

CÉSAR: ¿Eres (1) _____, Ana Cristina?

ANA CRISTINA: Claro que soy (2) _____. ¿Ya no me conoce (3) _____, César?

CÉSAR: (4) _____estás tan guapa y tan mayor. Pero, no me trates de Ud., por

favor. Sólo (5) _____ soy cuatro años mayor que tú.

ANA CRISTINA: Perdona. Hace muchos años que (6) _____ no te he visto. (7) _____

estoy un poco nerviosa.

CÉSAR: (8) _____ te escribí muchas cartas, pero (9) _____ nunca me

contestaste.

ANA CRISTINA: Sí, y (10) _____ lo siento. (11) _____ soy una perezosa.

CÉSAR: No importa. Ahora háblame de tu país, de nuestros amigos. ¿Cómo están

todos? Todos menos (12) _____ viven todavía en España, ¿no?

ANA CRISTINA: Sí, sólo (13) _____ te fuiste. E incluso (14) _____ te eché de menos.

Pero ahora (15) _____ tenemos muchos días para hablar de todo.

CÉSAR: Sí, (16) _____ tenemos mucho tiempo para hablar. ¿Quién empieza?

ANA CRISTINA: ¡ (17) _____ mismo!

3 Las supersticiones de Ana Cristina

A. Complete la siguiente conversación entre César y Ana Cristina utilizando el presente del indicativo de los verbos entre paréntesis. Ana Cristina le cuenta a César las cosas que ellos nunca hacen, porque dan mala suerte.

1. Nosotros nunca _____ *(salir)* de casa las noches de luna llena.

2. Nosotros nunca _____ *(dejar)* unas tijeras abiertas encima de la mesa.

3. Nosotros nunca _____ *(cruzarse)* con un gato negro.

4. Nosotros nunca _____ *(pasar)* por debajo de una escalera.

5. Tampoco _____ *(mirarse)* en un espejo roto.

6. Nosotros nunca _____ *(vestirse)* con ropa de color amarillo.

7. Tampoco _____ *(tirar)* sal en el suelo.

8. Nunca _____ *(viajar)* ni el martes ni el día trece.

B. Lea las listas de supersticiones malas y buenas de los países hispanos, y luego, conteste las preguntas con sus opiniones utilizando el presente del indicativo.

DA MALA SUERTE:
- pasar por debajo de una escalera
- los martes y días trece
- los gatos negros
- romper un espejo
- el color amarillo, sobre todo en la ropa

DA BUENA SUERTE:
- encontrar un trébol de cuatro hojas
- ser un novato (por ej., jugar a la lotería por primera vez)
- las matrículas de coche capicúas
- los amuletos que se comparten con los amigos íntimos
- llevar un cuello dentro del suéter y el otro fuera

1. ¿Qué supersticiones conoces?

   _____

2. ¿Crees en las supersticiones?

   _____

3. ¿Tienes algún amuleto?

   _____

4. ¿Qué te da mala suerte? ¿Y qué te da buena suerte?

   _____

4 El aeropuerto

Ana Cristina vuelve a España y espera su avión. Está aburrida. Por eso, observa a las personas y otras cosas en el aeropuerto. Complete sus comentarios utilizando el presente del indicativo de los verbos entre paréntesis.

1. El turista le *(pedir)* _____ información a aquella azafata.

2. Yo no *(conocer)* _____ a nadie aquí. ¡Qué aburrido!

3. Algunos niños *(jugar)* _____ con aviones de papel.

4. Sus padres *(empezar)* _____ a frustrarse; la sala de espera es muy

   pequeña y sus hijos *(querer)* _____ jugar mucho.

5. Ese señor *(hacer)* _____ reservaciones en primera clase.

6. Yo *(tener)* _____ que viajar en clase turista.

7. El detector de metales *(sonar)* _____ muchísimo.

8. Esa señora no *(poder)* _____ hacer una reservación y

   (tener) _____ que estar en la lista de espera.

9. Yo siempre *(hacer)* _____ las reservaciones con tiempo.

10. ¡Qué bien! Parece que *(poder)* _____ abordar el avión.

5 El monólogo

Ana Cristina cree que la mala suerte la acompaña y se siente muy frustrada. Escriba oraciones completas en el tiempo presente.

MODELO   (yo) no / poder / encontrar / pase
<u>No puedo encontrar el pase.</u>

1. (yo) tampoco / tener / dinero / para comprar / otro boleto

   _____

2. (yo) no / saber / a qué hora / partir / el avión

   _____

3. lamentablemente / maletas / no llevar / mi nombre

   _____

4. (yo) saber / que / (yo) ser / distraída

   _____

5. (yo) no / hacer / muy bien / cosas

   _____

6. (yo) no / ver / solución / para / mi problema

   _____

6 El horóscopo de César

César es escéptico y no cree en las supersticiones de su prima. Sin embargo, cada mañana, lee la sección de los horóscopos en el periódico.

César es tauro. Ud. tom el periódico de hoy y le el horóscopo de César. Utilizando el tiempo futuro, escriba las predicciones.

MODELO   <u>Según el periódico, esta semana César conocerá a la mujer de sus sueños,</u>
<u>encontrará un trabajo maravilloso y viajará a las islas Canarias.</u>

_____

_____

_____

_____

7 La llamada

Mientras Ana Cristina espera su vuelo, llama por teléfono a su casa. Contesta su hermano Rodrigo. Complete la conversación entre Rodrigo y Ana Cristina con el futuro del verbo indicado.

RODRIGO: ¿Cuándo *(1. llegar)* _____ tu vuelo? Quiero verte.

Mañana yo *(2. tomar)* _____ el barco en Valencia y

(3. llegar) _____ a la isla de Ibiza al atardecer.

ANA CRISTINA: ¿Cuántos días *(4. estar)* _____ en la isla de Ibiza?

RODRIGO: Solamente un día. Después *(5. hacer)* _____ una excursión

por las islas de Formentera, Mallorca y Menorca.

ANA CRISTINA: ¿Cuántos días *(6. durar)* _____ todo tu viaje?

RODRIGO: Unos quince días. Yo *(7. poder)* _____ descansar en las

playas bonitas de las islas.

ANA CRISTINA: ¡Qué maravilla! La próxima vez *(8. ir)* _____ contigo.

RODRIGO: Tranquila, dentro de seis meses *(9. hacer)* _____ otro viaje

y tú *(10. tener)* _____ que acompañarme.

ANA CRISTINA: ¡Qué gran idea!

8 Qué cosas se imagina

Ana Cristina todavía está en el aeropuerto y observa a un muchacho extranjero que parece estar perdido. Ella se pregunta quién será. Escriba las dos formas que expresan posibilidad en el presente.

MODELO   ser vasco
           Me imagino que es vasco.
           Será vasco.

1. no hablar español

   _____

   _____

2. estar de viaje

   _____

   _____

3. perder su vuelo

   _____

   _____

4. quedarse sin dinero

   _____

   _____

5. ir a Madrid

   _____

   _____

6. querer divertirse en Madrid

   _____

   _____

9 ¡Quién sabe!

A. Observe con atención el siguiente dibujo cómico y escriba un pequeño párrafo expresando lo que ve.

_____

_____

_____

_____

_____

_____

_____

_____

_____

_____

_____

_____

_____

_____

_____

_____

_____

B. Ahora, conteste las siguientes preguntas relacionadas con el dibujo.

1. ¿Qué edad tendrá el chico?

   _____

2. ¿Quién será el señor que está detrás del chico?

   _____

3. ¿Qué llevará el señor del sombrero en la maleta?

   _____

4. Este señor, ¿será contrabandista?

   _____

10 La lengua

Cuando Ana Cristina estuvo en Nueva York no comprendió el uso del *spanglish*. César se lo explicó. Complete los siguientes párrafos, escogiendo las comparaciones de igualdad, superioridad o inferioridad adecuadas de la lista.

como	más grande	peor que
más anárquica que	más hispanohablantes que	tan bien como
más de	mejor que	tan vieja como
más del noventa por ciento	menos importantes que	tantas
más efectiva que	peor que	tanto como

Hoy en día, (1) _____ veinte millones de

personas en los Estados Unidos hablan un mismo idioma, el *spanglish*: una

lengua oral que usa (2) _____ palabras inglesas

(3) _____ palabras españolas, y las mezcla.

El *spanglish* es el resultado de un contacto cultural entre anglos e hispanos. Y nació

con las primeras emigraciones a Norteamérica.

Hoy en día, en los barrios latinos, las nuevas generaciones, estadounidenses de nacimiento,

son bilingües y hablan español o *spanglish* (4) _____ inglés.

Para ellos, el inglés no es una barrera que les impide el acceso al mercado laboral.

Sin embargo, los más viejos hablan inglés (5) _____

spanglish. Por tanto, la barrera que separa a los hispanohablantes y a los anglohablantes es

(6) _____ en este caso.

En *spanglish*, las normas de la gramática son (7) _____

la jerga de la gente de la calle. El *spanglish* nace en la calle y es una lengua

(8) _____ las dos lenguas madres: el inglés y el español.

En el *spanglish*, el inglés influye (9) _____ el español. Y esa influencia es (10) _____ la llegada histórica de los emigrantes latinos a los Estados Unidos.

Los lingüistas en las universidades cuestionan la validez del *spanglish* como lengua. ¿Hablar español es (11) _____ hablar *spanglish*? ¿Es el español una lengua (12) _____ el *spanglish*, en términos de comunicación? ¿Los hablantes de *spanglish* escriben (13) _____ los hablantes de español? ¿Hay (14) _____ hablantes de *spanglish*? Si (15) _____ de los hispanos en los Estados Unidos hablan *spanglish*, ¿qué importa la gramática? Éstas y otras preguntas están en el centro del gran debate de hoy: ¿*Spanglish, sí*? ¿*Spanglish*, no?

11 Comparando hoteles españoles

Mire los recibos que siguen y complete las oraciones con los elementos de comparación que hacen falta (**más/menos… que, más/menos… de, tanto/-a/-os/-as… como**) o los superlativos adecuados.

Hotel Carlos V

Toledo
Trastamara, 1,
45001 Toledo, España,
Tel: 34 22 21
Fax: 34 22 21
info@carlosv.com

02049

Habitación nº ___305___

Cliente ___Lara Nckenua_____

Domicillio _____

Población _____ D.N.I o C.I.F _____

A) – SERVICIOS ORDINARIOS

Mes 12 de 2002	Día 23 €	Día 24 €	Día €	Día €	Día €	Día €	Día €	TOTALES €
Habitación	19.11							19.11
Desayuno		2.22						2.22
Almuerzo								
Comida								
Total del día €	19.11	2.22						
SUMA ANTIERIOR		19.11						
TOTAL Serv. Ordinarios		21.33						21.33

B) – OTROS SERVICIOS

Suplemento								
Café. Té								
Zumos. Frutas	1.41							1.41
Agua Mineral								
Lavado. Planchado								
Teléfono								
TOTAL del día €	1.41							1.41
SUMA ANTERIOR								
TOTAL otros servicios								22.75

I.V.A 6%   1.36

No olvide su pasaporte Deje la llave en la habitación	Total	24.11 €

PARADORES

Parador De Turismo
Cáceres
Teléfono 21 17 59   C/ Ancha, 6
10003 Cáceres

Precios 2002	
HABITACIÓN INDIVIDUAL	40.86 €
HABITACIÓN Doble	51.09 €
CAMA Supletoria	17.88 €
DESAYUNO	4.81 €
ALMUERZO o CENA	15.03 €
PENSIÓN Alimenticia por Persona (A añadir al precio de la Habitación)	29.63 €
MEDIA PENSIÓN Alim. Por Persona (A añadir al precio de la Habitación)	19.83 €

SERVICIO INCLUIDO

1. Los precios del Parador De Turismo de Cáceres eran bastante caros. Una habitación individual por noche costaba _____ _____ 40.00 euros.

2. De hecho, los hoteles _____ caros _____ España son los paradores. Por eso casi nunca voy a los paradores.

3. La habitación que tuve en el hotel Carlos V en Toledo costaba sólo 19.11 euros y era mucho _____ grande que la habitación en Cáceres.

4. Además, el desayuno en el hotel de Toledo costaba _____ _____ 2.50 euros y el desayuno en el parador costaba _____ _____ doble. En el parador desayuné un café con leche y una tostada y fue la tostada _____ cara _____ he comido en mi vida.

5. Cáceres es una de las ciudades _____ calurosas de España. Y el calor es _____ seco _____ en cualquier otra ciudad del sur de España. En la habitación del parador de turismo de Cáceres hacía _____ calor _____ en la habitación del hotel de Toledo. Eso era así porque las habitaciones del parador tenían aire acondicionado y las habitaciones del hotel no.

6. El número de turistas en Cáceres y en Toledo es muy similar. Había _____ turistas en Cáceres _____ en Toledo.

7. En Toledo hay muchos monumentos históricos famosos. Por Toledo pasa el río _____ largo _____ la Península Ibérica. Se llama río Tajo. Por eso, Toledo es _____ rica _____ otras ciudades por su importante patrimonio histórico y geográfico. Sin embargo, Toledo es _____ conocida que las ciudades mediterráneas, porque en Toledo no hay playa. A los turistas extranjeros les gusta Alicante _____ _____ Toledo.

8. Conozco Toledo _____ _____ Cáceres, porque en Cáceres no pude salir mucho. Después de pagar la habitación del parador, ¡no tenía dinero para visitar los museos, los restaurantes u otros lugares en la capital cacereña!

12 Los superlativos

Las calles de las ciudades están siempre llenas de carteles publicitarios. Y las fórmulas favoritas de las agencias publicitarias son los superlativos: **"éste es el mejor perfume"**, **"este coche es el más rápido y el más seguro"**, **"este crucero por Hawai es el más divertido"**, etc. Imagine que Ud. trabaja en una agencia publicitaria y que tiene que inventar tres anuncios en español muy originales usando el superlativo. Lea con atención los lemas *(slogans)* que siguen y después invente sus propios anuncios.

SI MÁS DE 500 MILLIONES DE PERSONAS USAN JEANS TODOS LOS DÍAS, ¿SERÁ QUE TAL VEZ SON LOS PANTALONES MÁS CÓMODOS?

Garley Javidson:
el secador de pelo más caro del mundo

Parque Pk2
El parque más divertido y "emocionante" de la ciudad

Viaje al Caribe y conocerá las playas más maravillosas del mundo

Lema publicitario 1:

_____

_____

_____

Lema publicitario 2:

_____

_____

_____

Lema publicitario 3:

_____

_____

_____

13 El diálogo

Complete el diálogo escogiendo la(s) palabra(s) apropiada(s).

SUSANA: ¿Cuánto *(1. tiempo / rato)* _____ estuviste en Toledo?

ELENA: Estuve solamente un día y no tuve *(2. rato / tiempo)* _____ para

nada. El año pasado visité varias *(3. épocas / veces)* _____ la

ciudad de Toledo y *(4. me divertí / me acabé)* _____ mucho.

SUSANA: ¿Cuál es la mejor *(5. época / vez)* _____ para visitar la ciudad?

ELENA: En la primavera, antes de la llegada de los turistas. Sin embargo, Raúl

(6. acaba / acaba de) _____ escribirme que este año, debido

al buen *(7. tiempo / rato)* _____, el turismo ya ha comenzado.

Dice que es la primera *(8. época / vez)* _____ que ve tanta gente

por las calles en el mes de abril.

SUSANA: ¿Tienes algunas fotos de Toledo?

ELENA: Sí, saqué muchísimas. Si me esperas un *(9.rato / tiempo)* _____

te las muestro.

SUSANA: Vendré otro día. Es *(10. hora / época)* _____ de volver al trabajo.

14 En el aeropuerto de Nueva York

José está esperando a Rosita y a Pili en el aeropuerto JFK de Nueva York. El avión llega con mucho retraso y está un poco preocupado. Complete los siguientes pensamientos de José escogiendo la(s) palabra(s) apropiada(s).

1. Mis amigas Rosita y Pili vienen *(muchos tiempos / muchas veces)* _____ a

    Nueva York para pasar las vacaciones conmigo.

2. Los tres juntos siempre *(nos divertimos / tenemos un buen tiempo)* _____.

    Por eso las invito a venir todos los veranos.

3. En *(el tiempo / la época)* _____ del verano, los vuelos no son muy

    baratos. Pero nosotros sólo tenemos vacaciones en agosto. Durante el resto del

    año trabajamos todo *(el tiempo / la época)* _____ y nunca tenemos

    (tiempo / hora) _____ para pasar un fin de semana juntos.

4. Este mes de agosto ellas vienen por poco *(tiempo / rato)* _____ a mi casa

    en Nueva York, porque quieren visitar el resto de la costa este de los EE.UU. Yo iré con

    ellas. *(Cada tiempo / Cada vez)* _____ que estamos juntos, queremos

    viajar y conocer nuevos lugares.

5. La azafata dice que el avión ya está aquí. ¡Ya es *(tiempo / hora)* _____!

    Son las tres de la tarde y el avión llega con dos *(ratos / horas)* _____ de

    retraso.

6. ¡No puedo creer que voy a ver a mis amigas *(dentro de un rato / en un corto tiempo)*

    _____. ¡Estoy tan contento! Hace *(tiempo / hora)* _____

    que estoy esperando este momento.

15 Preguntas personales

Conteste las siguientes preguntas.

1. ¿Cuáles son las ventajas de viajar en avión?

   _____

   _____

2. ¿Qué es un pasaporte y para qué sirve?

   _____

   _____

3. ¿Cuáles son algunos de los trabajos de la azafata durante el vuelo? ¿Qué anuncian? ¿Qué sirven? ¿A quiénes atienden?

   _____

   _____

4. ¿Por qué muchas personas tienen miedo de viajar en avión?

   _____

   _____

5. ¿Qué hace la persona que trabaja en la recepción de un hotel?

   _____

   _____

6. ¿Qué debe saber un(a) turista que llega por primera vez a los Estados Unidos?

   _____

   _____

7. ¿Cuáles son, según tu opinión, algunas de las ventajas de los hoteles de cinco estrellas?

   _____

   _____

8. ¿Qué planes de viaje tienes para el futuro?

   _____

   _____

16 El spanglish

Lea el artículo de la siguiente página y conteste las preguntas. Utilice el siguiente mini-diccionario para averiguar el significado de algunas expresiones en **spanglish**.

Breve diccionario de *spanglish*

Spanglish	English	Spanish
blofear	*to bluff*	engañar, farolear
chequear	*to check*	comprobar
guachar	*to watch*	mirar
hacer drink	*to have a drink*	beber
hacer go	*to go*	irse
janguear	*to hang around*	haraganear
liquear	*to leak*	gotear
lonchar	*to have lunch*	comer, almorzar
mapear	*to mop*	fregar
puchar	*to push*	empujar
realizar	*to realize*	darse cuenta
rinsear	*to rinse*	enjuagar
remover el pelo	*to remove the hair*	depilar
taipear	*to type*	escribir a máquina
vacunar	*to vacuum*	pasar la aspiradora
apoinmen	*appointment*	cita
beisman	*basement*	sótano
bilding	*building*	edificio
blouer	*to blow hair*	secar el pelo
boila	*boiler*	calefacción
brasier	*brassiere*	sujetador
chance	*chance*	oportunidad
carpeta	*carpet*	alfombra
cloche	*clutch*	embrague
closet	*closet*	armario
complain	*complaint*	queja
cora	*quarter*	moneda de 25 centavos
corna	*corner*	esquina
establecimiento	*establishment*	clase dirigente
estorma	*storm*	tormenta
estreet	*street*	calle
frizado	*frozen*	congelado
qüindo	*window*	ventana
gira	*heater*	calentador
marqueta	*market*	mercado
mofle	*muffle*	tubo de escape
obertain	*overtime*	horas extra
rufo	*roof*	techo
rula	*ruler*	regla
suera	*sweater*	jersey
troba	*trouble*	problema
tan	*tan*	bronceado
uaifa	*wife*	esposa
ziper	*zipper*	cremallera

EL PERIÓDICO DE ¡Aventura!

Sección Cultural .... Ejemplar Gratuito

SPANGLISH: una lengua entre dos mundos

Ignorando todos los diccionarios, hoy más de 20 millones de personas en Estados Unidos hablan un mismo idioma, el *Spanglish*, una lengua oral que mezcla el inglés y el español sin hacer caso de la gramática.

En el Harlem hispano de Nueva York, y en otros cientos de barrios de Norteamérica de sangre latina, una nueva lengua se expande. No es *Spanish*, ni mucho menos; ni inglés, *of course not*. Es el *Spanglish*, idioma de la calle. Y este idioma es la zona fronteriza anárquica entre dos mundos en contacto: el hispano y el inglés. Nació así con las primeras emigraciones a Norteamérica.

El *Spanglish* se desarrolla cada vez más y más. En el *Spanglish* no hay normas gramaticales, para hacer más llana la comunicación oral. El *Spanglish* es como un español repleto de anglicismos, o como un inglés de inconfundible acento hispano.

En los ambientes académicos, el *Spanglish* tiene defensores y atacantes. Los defensores creen que es una nueva lengua con identidad propia. Los atacantes opinan que el *Spanglish* desaparecerá cuando aumente la educación de las clases medias hispanas en los Estados Unidos.

El peligro del *Spanglish* es convertirse en un callejón sin salida que no ayuda a escapar del gueto. Este lenguaje es patrimonio exclusivo de mexicanos, puertorriqueños, cubanos, dominicanos, colombianos, centroamericanos y otros hablantes de origen hispano. Un español o un anglosajón puro no puede entender el significado de las expresiones más características del *Spanglish*. Esa barrera lingüística levanta un muro infranqueable que impide el acceso laboral.

Sin embargo, hablar en *Spanglish* no es un crimen. El *Spanglish* es una lengua rica y hermosa. Muchos de sus

hablantes trabajan *obertain* toda la semana, pero el *sunday* van de compras a la *marqueta* y pasan la tarde *guatchando* la televisión o haciendo *drinks* con los amigos. Otros hablantes incluso transforman el *Spanglish* en poesía. Por modelo, los raperos del reino hispanoamericano lo toman en las letras de sus canciones. Y el

hip hop bilingüe está en los primeros puestos en las listas de éxitos. También la salsa latina baila al son del *Spanglish*. E incluso famosos poetas, como Pedro Pietri, neoyorquino nacido en Puerto Rico, publican sus obras en esta nueva lengua. Éste es el pasado y el presente del *Spanglish*. ¿Cuál será su futuro?

1. ¿Dónde se expande una nueva lengua: el *spanglish*?

   _____

   _____

   _____

2. ¿Hay normas gramaticales en el *spanglish*? ¿Para qué?

   _____

   _____

   _____

3. ¿Qué creen los defensores del *spanglish*?

   _____

   _____

   _____

4. ¿Qué opinan los atacantes del *spanglish*?

   _____

   _____

   _____

5. ¿Cuál es el peligro del *spanglish*?

   _____

   _____

   _____

6. ¿De quiénes es patrimonio este lenguaje?

   _____

   _____

   _____

7. ¿Qué tipos de música utilizan el *spanglish*?

   _____

   _____

   _____

17 Un debate

Imagine que Ud. está participando en un debate informal y que tiene que defender una de las siguientes opiniones:

    A. el *spanglish* es una lengua con identidad propia, o

    B. no es una lengua y desaparecerá.

Organice sus argumentos para lograr convencer a sus contrarios.

_____

_____

_____

_____

_____

_____

_____

_____

_____

_____

_____

_____

_____

Capítulo 3

1 En la universidad

Complete las siguientes oraciones seleccionando la(s) palabra(s) de la lista. Si es necesario, conjugue los verbos.

beca	Facultad	reprobar
calificaciones	lectura	título
catedráticos	matricularse	tomar apuntes
conferencia		

1. Para entrar a una universidad, primero hay que _____.

2. En la _____ de Filología se estudian varias lenguas y literatura.

3. Los _____ son profesores que enseñan en la universidad.

4. Los estudiantes que salen bien en los exámenes reciben buenas _____.

5. El profesor dio una _____ sobre el sistema educativo en los Estados Unidos. Después nos dio fotocopias de una _____ sobre el tema. Su autor era un periodista del New York Times.

6. Los malos alumnos generalmente _____ el curso.

7. Si un buen estudiante desea estudiar en una universidad extranjera y no tiene dinero, puede solicitar una _____.

8. Al terminar la licenciatura el estudiante recibe su _____ profesional.

9. Los estudiantes _____ durante las conferencias para poder recordar la materia.

2 Problemas estudiantiles

A veces, debido a la tensión del estudio, hay dificultades entre los profesores y los alumnos. Lea con atención el diálogo entre Manolo y Virginia, dos estudiantes de un colegio en Lima. Después, complete cada espacio con el pronombre reflexivo si el verbo es reflexivo. Si no es reflexivo, ponga **X**.

MANOLO: ¿Tú (1) _____ acuerdas de aquella reunión en la que los estudiantes

(2) _____ negaban a leer tantos libros?

VIRGINIA: ¡Ya lo creo! Fue la semana pasada.

MANOLO: Pues bien, (3) _____ parece que a la profesora le molestó la actitud de los

muchachos y no quiso hablar del asunto.

VIRGINIA: ¿Y qué pasó?

MANOLO: Los estudiantes (4) _____ acordaron presentar una queja al rector del colegio

y (5) _____ fueron a verlo a su despacho. El rector (6) _____ llamó a la

profesora y todos (7) _____ sentaron a hablar del asunto. La profesora, con

voz firme, dijo: "Si no leemos todos los libros no cubriremos la materia y yo

no (8) _____ sentiré satisfecha".

VIRGINIA: ¿Comprendieron los chicos las razones que dio la profesora?

MANOLO: Así dicen. Lo cierto es que los estudiantes (9) _____ calmaron, (10) _____

despidieron del rector y (11) _____ fueron a preparar la prueba.

3 Por la mañana

Mónica se levanta todas las mañanas a las ocho de la mañana. Tiene clase de creatividad
a las nueve de la mañana en la Facultad de Publicidad. Antes se ducha, se lava el pelo, se
lo seca, se viste y desayuna a toda velocidad. Aunque no tiene mucho tiempo, Mónica
siempre se maquilla todas las mañanas, antes de ir al colegio. Se pone crema de maquillaje,
se pinta con sombras de ojos, se pinta los labios, se pone rimel en las pestañas… y sale de
casa guapa y contenta. ¿Qué hace Ud. por la mañana antes de salir de casa? ¿Se ducha? ¿Se
afeita? ¿Desayuna? Escriba cuatro oraciones utilizando verbos reflexivos. Escriba otras cuatro
oraciones utilizando verbos no-reflexivos.

1. _____

2. _____

3. _____

4. _____

5. _____

6. _____

7. _____

8. _____

4 ¿Cómo está Ud.?

Termine las oraciones usando **estar + adjetivo**. Ponga atención al tiempo verbal. Si desea, puede usar algunos de los siguientes adjetivos.

preocupado	cansado	preparado
nervioso	emocionado	triste
contento	furioso	satisfecho
alegre	ocupado	atrasado

MODELO   <u>Cuando voy a la clase de español siempre estoy preparada.</u>

1. El día del examen todos los estudiantes…

   _____

2. Cuando saco una A…

   _____

3. Generalmente, los lunes mis amigos y yo…

   _____

4. Al llegar el fin de semana todos…

   _____

5. Mi hermana no encuentra sus libros, por eso…

   _____

6. Cuando saco una F…

   _____

7. Todos los viernes, mi profesor…

   _____

8. Cuando vosotros termináis un proyecto grande…

   _____

5 ¿Ser o estar?

Observe el dibujo y complete las oraciones con la forma correcta de **ser** o **estar**.

1. El señor _____ muy contento porque cree que su perro _____ muy inteligente.

2. El perro _____ sentado frente a su dueño.

3. El señor no _____ muy joven. Parece que ese señor _____ aburrido de la vida.

4. La esposa, que _____ muy joven, _____ detrás del señor.

5. La señora _____ furiosa porque su esposo _____ hablando con el perro y no con ella.

6 El sistema educativo hispano

Lea el siguiente artículo y conteste las preguntas que siguen.

El sistema universitario tradicional **es** anual. Y las carreras **son** de tres años (como Magisterio), cuatro (como Ingeniería Técnica), cinco (como Filosofía) o seis años (como Medicina o Ingeniería Superior). Las asignaturas en cada carrera **son** siempre las mismas. Si un estudiante estudia Arquitectura, sus asignaturas **son**, obligatoriamente, matemáticas, física, dibujo técnico, estética, historia del arte… Si un estudiante estudia Periodismo, sus asignaturas **son** comunicación de masas, teoría económica, lengua, derecho constitucional a la información, etc. Los estudiantes no eligen. Cada año se matriculan en las asignaturas obligatorias.

Los exámenes también **son** anuales. Hay dos convocatorias anuales para cada asignatura. La primera **es** en junio, y la segunda **es** en septiembre. En general **son** seis o siete asignaturas por curso. Por tanto, junio **es** el peor mes para todos los estudiantes. En junio, las bibliotecas **están** llenas de gente; los despachos de los profesores **están** llenos de estudiantes con millones de dudas. Los alumnos **están** nerviosos y cansados y los profesores **están** deseosos de terminar. El tiempo **es** bueno, ya **es** verano, y los estudiantes no **están** con ganas de estudiar. Los exámenes **son** difíciles porque **son** de toda la materia estudiada en todo un año. Y después de dos semanas de exámenes, los estudiantes **están** para desmayarse de estrés.

Actualmente el sistema **está** cambiando. En muchas partes del mundo hispano, las universidades **están** incorporando el sistema de las asignaturas optativas. Y también en algunos países se **está** transformando el sistema anual en sistema semestral. Los estudiantes van a tener que acostumbrarse a ¡estudiar menos materia! ¡más veces al año!

1. ¿Cómo es el sistema universitario hispano? ¿Es anual, semestral o trimestral?

   _____

2. ¿De cuántos años son las carreras universitarias?

   _____

3. ¿Cúales son las asignaturas de un estudiante de Arquitectura?

   _____

4. ¿Cómo son los exámenes?

   _____

5. ¿Cuándo son las dos convocatorias de exámenes?

   _____

6. ¿Cómo están las bibliotecas en junio?

   _____

7. ¿Cómo están los alumnos en época de exámenes? ¿Y los profesores?

   _____

   _____

8. ¿Por qué son difíciles los exámenes de junio?

   _____

9. ¿Prefieres el sistema anual o el trimestral? ¿Por qué?

   _____

7 Un informe

Desde esta mañana Chad y algunos de sus compañeros están buscando libros para un informe sobre el Imperio Azteca que tienen que presentar mañana en su clase de culturas prehispánicas. Emplee la forma progresiva de los verbos indicados y complete cada oración en forma lógica. Use información del aviso si la necesita.

MODELO **Buscamos** referencias sobre…
Estamos buscando referencias sobre la civilización de los aztecas en México.

1. **Esperamos** la apertura de la Casa del Libro para…

_____

_____

2. La Casa del Libro **trata** de ayudar a los estudiantes ofreciéndoles…

_____

_____

3. Esta semana en la Casa del Libro **presentan** una Muestra del Libro Mexicano y todos nosotros podemos…

_____

_____

4. Chad **prepara** su informe sobre la artesanía…

_____

_____

5. Juan **piensa** comprar algunos libros para…

_____

_____

6. Como nosotros **comenzamos** el nuevo curso, queremos…

_____

_____

8 Primer día de clase de Chad

Complete las oraciones con la forma correcta de **ser, estar, tener, haber** o **hacer**.

Hoy (1) _____ el 3 de marzo. (2) _____ las ocho de la mañana.

Mientras desayuna, Chad (3) _____ escuchando la radio. El periodista dice que

(4) _____ fresco pero el cielo (5) _____ claro y no (6) _____ nubes.

La temperatura en este momento (7) _____ de once grados centígrados. Se anuncia

que hasta el mediodía va a (8) _____ sol y la temperatura subirá hasta quince grados.

Chad no (9) _____ frío. De hecho, él (10) _____ sudando. Chad

(11) _____ muy nervioso, porque hoy (12) _____ su primer día de

clase. Chad (13) _____ ganas de conocer a sus nuevos compañeros de clase, pero

(14) _____ miedo de los profesores. Él (15) _____ muy buen estudiante

y siempre tiene buenas notas. Pero este año él (16) _____ que estudiar mucho

porque las clases en el colegio peruano (17) _____ muy difíciles. Él sabe que

(18) _____ más de trienta estudiantes en cada clase. Y por eso, (19) _____

nervioso.

La radio dice que ya (20) _____ las ocho y media. Su clase de las culturas

prehispánicas (21) _____ a las nueve. Chad (22) _____ que correr, porque

no quiere llegar tarde a clase el primer día.

9 Expresiones importantes

Complete las oraciones usando una de las siguientes expresiones.

estar de acuerdo	estar de viaje	tener razón
estar de vacaciones	tener sueño	tener prisa
estar harto	tener cuidado	

MODELO —¿Está de mal humor la profesora?
—Sí, y creo que tiene razón. Los estudiantes no han hecho la tarea.

1. —¿Por qué no llama Juan?

   —_____

2. —¿Por qué corres tanto?

   —_____ por llegar a la oficina de mi profesor para

   entregar mi proyecto antes de las cinco.

3. —¿Tendremos otra reunión si los estudiantes no

   _____ con el proyecto?

   —Por supuesto, pero por ahora creo que todos nosotros

   _____ de reuniones.

4. —¿Por qué se van Uds. a acostar tan temprano?

   —_____

5. ¿Qué le pasa a esta niña que se cae constantemente?

   —No _____ al caminar.

6. —Hace dos semanas que no veo a tus hermanas. ¿Dónde están?

   —_____. Hoy regresan.

10 Y después de la licenciatura... ¿qué?

Seleccione en cada caso una de las siguientes formas: **tiene que, debe (de), hay que, han de, deben, tienen que.**

Los estudiantes, con el título de licenciado en la mano y la sonrisa en la boca, de repente se dan cuenta de que tienen que decidir cuál será el siguiente paso. ¿Dejar de estudiar y buscar un trabajo? ¿O seguir estudiando? Cuando un estudiante decide seguir estudiando, en el Perú, puede hacer un máster o entrar en un programa de doctorado.

Para hacer el programa de doctorado, el estudiante (1)_____ matricularse y asistir a cursos durante dos años. En esos cursos la investigación es muy importante y (2)_____ dedicar mucho tiempo a buscar documentación y leer libros y artículos. Otro requisito es que (3)_____ escribir un trabajo al final de cada curso, para demostrar que se ha aprovechado el tiempo. Supuestamente, esos trabajos (4)_____ estar relacionados con el tema de la tesis. Y, supuestamente también, (5)_____ ayudar al estudiante a convertirse en un futuro y eficaz investigador.

Después de dos años tomando cursos, el estudiante (6)_____ escribir la tesis. En todas las tesis (7)_____ descubrir algo nuevo, ser original, demostrar o resolver algún problema. Por eso, los estudiantes, antes de empezar a escribir, (8)_____ dedicar tiempo a pensar y reflexionar sobre sus teorías. Y después de terminar de escribir, (9)_____ dedicar tiempo a releer y corregir los posibles errores.

En la mayoría de las universidades peruanas, los estudiantes (10)_____ defender su tesis ante un tribunal. Y si el tribunal acepta la tesis, el estudiante se convierte en doctor.

A esas alturas, probablemente, el estudiante (11)_____ tener hijos, nietos y, tal vez, bisnietos (great grandchildren).

11 ¡Teléfono de Información al Joven!

Imagine que trabaja en la Oficina de Información al Joven. Los estudiantes llaman todos los días al 900 20 00 00 para pedir información. Ud. tiene que darles la información necesaria. Utilice las expresiones de obligación y probabilidad siguientes: **tener que** + infinitivo, **deber (de)** + infinitivo, **haber (hay) que** + infinitivo, **haber de** + infinitivo.

MODELO	ESTUDIANTE:	Buenos días. Quiero pedir una beca para estudiar. ¿Qué tengo que hacer?

TÚ: Para pedir una beca, **hay que cumplir** unos requisitos necesarios. **Hay que tener** poco dinero y **hay que ser** muy buen estudiante. Si tú eres buen estudiante, **tienes que pedir** dinero al Gobierno. Las becas se solicitan el próximo mes. **Tendrás que pedir y rellenar los formularios** entonces y **tendrás que enviar** tu currículum y tu Declaración de Renta a la Oficina de Becas del Gobierno. **Debes preparar** tu currículum muy cuidadosamente, porque más de 200.000 estudiantes **deben de estar** preparando sus currículums ya.

1. ESTUDIANTE: Buenos días. Quiero ir a estudiar al extranjero, tal vez a México. ¿Qué tengo que hacer?

TÚ: _____

_____

_____

_____

_____

2. ESTUDIANTE: Hola. Quiero ser Au-Pair en los Estados Unidos. ¿Qué tengo que hacer?

    TÚ: _____

    _____

    _____

    _____

3. ESTUDIANTE: Quiero matricularme en la Facultad de Medicina. ¿Qué tengo que hacer?

    TÚ: _____

    _____

    _____

    _____

4. ESTUDIANTE: Quiero estudiar un máster en Medio Ambiente. ¿Qué tengo que hacer?

    TÚ: _____

    _____

    _____

    _____

12 Escoge

Conteste las preguntas con **en** o **de**.

MODELO   —¿Dónde dejaste tu pluma?
—La dejé <u>en</u> la mesa pero ahora no la encuentro.

1. —¿Qué origen tiene tu compañero(a) de clase?

   —Es _____ Argentina. Nació _____ la ciudad de Córdoba.

2. —¿Cómo te sientes después del primer día de clase?

   —Mal, muy mal. Me muero _____ hambre.

3. —¿Cómo es la falda de tu uniforme escolar?

   —Es una falda marrón _____ algodón.

4. —¿Vendrás por mí después de tu clase de física?

   —_____ quince minutos estaré _____ tu casa.

5. —¿A quién le pertenece este libro?

   —Es _____ Matilde. Lo dejó _____ la clase.

6. —¿Dónde será la reunión de estudiantes graduados?

   —_____ la Facultad de Ingeniería.

7. —¿Por qué estás tan contenta?

   —Siempre me alegro _____ verte por aquí.

8. —¿Cuándo piensas graduarte?

   —_____ junio, si Dios quiere.

13 Al final

Complete el diálogo con la(s) palabra(s) apropiada(s).

EVA: ¡Hola, Jaime! ¡Cuánto tiempo sin verte! ¿No quieres

(*1. quitarte / llevarte*) _____ el abrigo y sentarte a charlar un

(*2. rato / tiempo*) _____ conmigo?

JAIME: Me gustaría, pero no cuento con mucho tiempo porque tengo un examen

a la una. Además (*3. estoy / soy*) _____ nervioso porque si

(*4. fracaso / suspendo*) _____ el examen me van a echar del

colegio.

EVA: ¿Todavía (*5. llevas / tomas*) _____ exámenes? Creí que habías

(*6. quitado / dejado de*) _____ estudiar para montar tu propio

negocio.

JAIME: Pues… lo intenté. Pero al final lo tuve que

(*7. dejar / quitar*) _____ porque el negocio

(*8. fracasó / reprobó*) _____. Mi socio

(*9. llevó / se llevó*) _____ todo el dinero.

EVA: ¡Qué mala suerte!

JAIME: Ahora tengo que irme porque (*10. faltan a / faltan*) _____

quince minutos para la una y si (*11. falto al / falto el*) _____

examen, ¡me muero!

EVA: ¿Dónde (*12. está / es*) _____ el examen?

JAIME: ¡Uf! Bien lejos.

EVA: Si quieres te (*13. tomo / llevo*) _____ en mi coche.

JAIME: Gracias, pero prefiero caminar. ¡No me gusta

(*14. dejar de / faltar de*) _____ caminar! Te llamaré muy pronto.

14 Hoy acaban las clases del trimestre de primavera

Los chicos y chicas están contentísimos porque hoy por la tarde empiezan las vacaciones de verano. Sin embargo, hay algunos estudiantes que tienen que estudiar durante el verano. Complete la conversación entre estos dos amigos (uno de ellos es afortunado, y el otro no), utilizando la forma correcta de **acabar, acabarse** o **acabar de**.

—¡Maravilloso!… Hoy es el último día de clase. ¡Por fin (1) _____ el trimestre!

—No lo puedo creer. (2) _____ hacer el último examen y… me voy de vacaciones a Hawai. ¡Je, Je!

—Pero, ¿cuándo tienes que (3) _____ el trabajo de veinte páginas que es un requisito para aprobar tu clase de filosofía?

—Lo tengo que (4) _____ hoy por la noche y ¡ya está!

—¡Qué suerte tienes! Para ti los estudios (5) _____ hoy, sólo te quedan unas pocas horas delante de la computadora. Y ya puedes empezar a buscar un trabajo… ¡en Hawai! Sin embargo, mírame a mí. (6) _____ matricularme hoy mismo en el curso de verano. Y ya estoy ¡Al borde de un ataque de nervios!

15 El voto

Lea el artículo siguiente y conteste las preguntas.

EL PERIÓDICO DE ¡Aventura!

Sección Cultural   Ejemplar Gratuito

BIRRETES Y CALABAZAS

Cada año los estudiantes votan y dan birretes o calabazas a las mejores o peores cosas en su colegio

Las votaciones estudiantiles de este curso académico no han terminado. Hasta el momento, 350 alumnos han depositado su voto en las urnas. Pero muchos estudiantes no han votado todavía. Se cree que lo harán durante la última semana de clase. Si tú no has votado todavía, ¡anímate! ¡Es tu oportunidad para expresar tus quejas y tus gustos! Acércate a las mesas electorales situadas frente a la cafetería. Toma una papeleta con el dibujo del birrete y escribe el nombre de la persona o cosa que merece un birrete en tu opinión. Después toma una papeleta con el dibujo de la calabaza y escribe el nombre de la persona o cosa que ha suspendido el curso. El 7 de junio es el último día para votar. ¡Date prisa! Los resultados de las votaciones se publicarán en todos los periódicos al día siguiente. ¡Vota! ¡Tu opinión es importante!

Roberto
Doy un birrete a la Asociación de Estudiantes, que defiende los derechos de los estudiantes. Esta asociación nos representa y el año pasado consiguió una reducción del precio de la matrícula.

Cristina
Doy una calabaza a la semana de los exámenes finales. El estrés, la caza de apuntes y la preocupación sustituyen a la diversión, al relax y a los buenos ratos. Los exámenes son un agobio. Además, creo que no son una buena forma para evaluar los conocimientos del estudiante.

Borja
Doy un birrete a las fiestas de comienzo de curso. Las fiestas son una forma excelente para conocer gente y hacer buenos amigos. Las fiestas son muy divertidas, porque hay música, concursos, bailes… y todos lo pasan muy bien.

1. Cuando los estudiantes votan cada año, ¿qué dan a las mejores o peores cosas del colegio?

   _____

   _____

2. ¿Cuántos alumnos han depositado ya su voto en las urnas del campus?

   _____

   _____

3. ¿Cuál es el último día para votar?

   _____

   _____

4. ¿Dónde se publicarán los resultados de las votaciones?

   _____

   _____

5. ¿A quién da Roberto un birrete? ¿Por qué?

   _____

   _____

6. ¿A qué da Cristina una calabaza? ¿Por qué?

   _____

   _____

7. ¿A qué da Borja un birrete? ¿Por qué?

   _____

   _____

16 Opinión

Imagine que en su colegio se van a celebrar unas votaciones para elegir la mejor cosa y la peor cosa del año. Escriba el nombre de la persona o cosa que merece un birrete en su opinión. Explique las razones. Escriba también el nombre de la persona o cosa que merece una calabaza en su opinión. Explique las razones.

_____

_____

_____

_____

_____

_____

_____

_____

_____

_____

_____

_____

_____

_____

_____

_____

_____

_____

_____

17 Preguntas personales

Conteste las siguientes preguntas.

1. ¿Cuáles son las ventajas de vivir cerca del colegio?

   _____
   _____
   _____
   _____

2. ¿Qué reformas te gustaría ver en tu colegio?

   _____
   _____
   _____
   _____

3. ¿Cuáles son algunas diferencias entre la universidad y el colegio?

   _____
   _____
   _____
   _____

4. ¿Qué piensas hacer después de terminar el colegio?

   _____
   _____
   _____
   _____

5. ¿A qué hora te levantas para ir al colegio? Y los sábados, ¿a qué hora te levantas?

   _____
   _____
   _____
   _____

6. Di tres cosas que haces antes de salir para el colegio.

   _____
   _____
   _____
   _____

7. Di tres cosas que haces cuando vuelves a casa.

_____

_____

_____

_____

_____

8. ¿Quién estudia más, tú o tus compañeros(as)?

_____

_____

_____

_____

_____

9. ¿En cuáles actividades participas cuando no estás en clase y cuando no tienes que estudiar?

_____

_____

_____

_____

Capítulo 4

1 ¡El lugar de trabajo es el segundo hogar!

El Licenciado Fernández siempre pasa sus crisis matrimoniales en la oficina. Cuando discute con su esposa, el Licenciado prácticamente vive en su oficina. Desayuna en la oficina, come en la oficina, pasa sus ratos libres en la oficina duerme en la oficina, etc. Observe el dibujo e identifique cosas en la oficina del Licenciado que pertenecen en realidad a su casa. Luego, descríbalas según el siguiente modelo.

MODELO   La almohada es del dormitorio de su casa.
El cepillo de dientes y la pasta de dientes son del baño de su casa.

1. _____

2. _____

3. _____

4. _____

5. _____

6. _____

7. _____

8. _____

9. _____

10. _____

2 Comprando cosas para la casa

En los almacenes hay de todo. Un cliente extranjero que aún no sabe los nombres en español de muchas cosas se dirige al vendedor tratando de explicarle lo que desea. El vendedor trata de adivinar lo que el cliente desea. Ayúdele al vendedor.

MODELO   —Por favor, necesito un aparato que se usa para hacer café.
—¿Será una cafetera?

1. —Necesito algo para barrer el piso.

     _____

2. —Busco una máquina para lavar la ropa.

     _____

3. —Me hace falta un aparato doméstico grande para guardar y conservar los alimentos frescos.

     _____

4. —Quiero también una máquina para preparar jugos de fruta.

     _____

5. —¿Podría decirme cómo se llama ese aparato para calentar el pan del desayuno?

     _____

6. —Para mi cuarto necesito una manta para cubrir la cama.

     _____

7. —Para preparar los huevos necesito algo para freírlos.

     _____

8. —Finalmente, ¿podría darme ese aparato eléctrico que sirve para dejar las camisas y las blusas muy lisas y elegantes?

     _____

3 Las formas del pretérito

¡Aquella noche Lucas le dio una serenata a July! Lucas se enamoró a primera vista de July una noche de verano. Dos días después, él decidió ir a dar una serenata frente a la casa de ella. Lucas pensó: "¡Oh! Es muy tarde. Ya son las doce de la noche. Es muy tarde para cantar y tocar la guitarra. Voy a despertar a todos los vecinos de July si le doy una serenata ahora. Pero no me importa. Quiero cantar una canción de amor para July. Si su vecino se enfada y me tira un cubo de agua, ¡no me importa! Lo importante para mí es conseguir el amor de July." Por tanto, Lucas le fue a dar serenata a su amada.

A. Complete el siguiente párrafo con el pretérito del verbo entre paréntesis, para contar lo que ocurrió cuando Lucas fue a cantar a la ventana de July.

Aquella noche lo que *(1. ocurrir)* _____ fue lo siguiente: Lucas

(2. llegar) _____ al portal y *(3. empezar)* _____ a cantar. Un

vecino de July, víctima del insomnio *(4. escuchar)* _____ la canción entera y le

(5. gustar) _____ mucho. Entonces, ese vecino le *(6. tirar)* _____

una flor a Lucas. Sin embargo, July sí *(7. enfadarse)* _____ con Lucas,

porque la canción *(8. despertar)* _____ a la abuelita enferma de July.

July *(9. tirar)* _____ un cubo de agua sobre la cabeza de Lucas y le

(10. decir) _____: "Querido Pavarotti, vete a casa. Son las tres de la mañana y

¡mañana tengo que levantarme a las seis!"

B. Observe el dibujo y cuente ahora la historia con sus propias palabras, utilizando verbos en el pretérito. Escriba en otra hoja de papel si es necesario.

_____

_____

_____

_____

_____

_____

_____

_____

_____

_____

_____

_____

_____

_____

_____

_____

_____

_____

_____

_____

_____

_____

_____

4 Visita a los parientes

Lea con atención el relato de los viajes que cada año hacían Patricia y Teresa a la casa de sus abuelos en La Paz. Complételo usando el imperfecto.

1. Cuando mi hermana Teresa y yo *(ir)* _____ a La Paz,

   (visitar) _____ a nuestros parientes y *(visitar)* _____

   nuestros lugares favoritos.

2. Con nuestros primos, *(jugar)* _____ en un parque cerca de la casa.

3. El abuelo nos *(llevar)* _____ de compras a los mercados en el centro de

   la capital.

4. La abuela *(preparar)* _____ nuestros platos favoritos.

5. Nosotras *(ayudar)* _____ con los quehaceres domésticos.

6. El tío Juan nos *(llevar)* _____ al lago Titicaca y nosotros

   (explorar) _____ las islas del Sol y de la Luna y las ruinas incas que se

   encuentran allí.

7. Todos *(ser)* _____ muy amables con nosotras.

8. Todos *(comer)* _____ la cena a las nueve de la noche.

9. Nadie *(querer)* _____ llevarnos al aeropuerto porque todos

   (divertirse) _____ mucho.

10. Cada día *(hacer)* _____ buen tiempo, por eso Teresa y yo

    (dar) _____ un paseo en el barrio de nuestros abuelos.

5 ¡Tantos quehaceres domésticos!

Complete los diálogos con el pretérito o el imperfecto de los verbos entre paréntesis y termine la oración.

1. —¿Por qué tú no *(colgar)* _____ la ropa esta mañana?

   —Porque yo *(querer)* _____ ir temprano a _____

   _____

2. —¿ *(Pasar)* _____ tú la aspiradora?

   —No *(tener)* _____ ganas de hacerlo, pero _____

   _____

3. —¿Por qué tú no *(venir)* _____ el otro día?

   —Porque *(quedarse)* _____ trabajando y _____

   _____

4. —¿Qué tal la fiesta?

   —Magnífica. Francisco *(estar)* _____ de buen humor y _____

   _____

5. —¿Los niños *(hacer)* _____ la cama antes de ir a la escuela?

   —¡Qué va! Ellos *(salir)* _____ corriendo y _____

   _____

6 Un dúplex para nosotros

Complete los párrafos con el pretérito o el imperfecto de los verbos entre paréntesis.

Un mes antes de casarnos, Raúl me *(1. llevar)* _____ al dúplex que había alquilado para nosotros. Mientras nosotros *(2. subir)* _____ en el ascensor, yo *(3. pensar)* _____ si verdaderamente me gustaría vivir allí. De pronto Raúl me *(4. tomar)* _____ de la mano y me *(5. decir)* _____ que muy pronto ése sería nuestro hogar.

El dúplex *(6. tener)* _____ tres habitaciones: la sala, el comedor y la cocina *(7. estar)* _____ en la parte baja. Unos seis escalones *(8. separar)* _____ la parte baja de la superior donde *(9. haber)* _____ un dormitorio grande y lleno de luz. De pronto Raúl me *(10. abrazar)* _____ y *(11. pronunciar)* _____ estas palabras: "Bienvenida a nuestro hogar, dulce hogar".

7 Recuerdos de mi infancia

Complete los párrafos con el pretérito o el imperfecto de los verbos entre paréntesis. Escoja el verbo **ser** o **estar** según necesario.

Cuando mi hermano y yo *(1. ser/estar)* _____ pequeños,

(2. ir) _____ a la casa de nuestros abuelos con mucha frecuencia. Ellos

(3. vivir) _____ en una casa bonita en Potosí. Cuando nuestros padres

nos *(4. anunciar)* _____ que iríamos a pasar nuestras vacaciones allí,

(5. ponerse) _____ muy alegres.

La casa *(6. ser/estar)* _____ pequeña y

(7. ser/estar) _____ en el centro de un jardín. El abuelo

(8. cuidar) _____ las plantas. Todas las mañanas él

(9. levantarse) _____ muy temprano y *(10. cortar)* _____

flores para toda la casa.

Muy cerca de la casa *(11. haber)* _____ un pequeño río. Recuerdo

que una vez el abuelo nos *(12. llevar)* _____ a pescar y mientras mi hermano

y yo *(13. divertirse)* _____, él *(14. sacar)* _____ un pez muy

grande para la cena. Mamá *(15. alegrarse)* _____ muchísimo y esa noche la

cena *(16. ser/estar)* _____ muy especial.

8 La casa de mi infancia

¡Ahora le toca a Ud.! Escriba un pequeño párrafo, explicando cómo era la casa en la que Ud. vivía cuando era niño(a) y qué pasó en una ocasión especial.

_____

_____

_____

_____

_____

_____

_____

_____

9 Así se conocieron mis papás

Complete con el verbo apropiado la siguiente carta que Mónica le escribió un día a su amiga Inma.

Querida amiga:

Hoy quiero contarte cómo se conocieron mis papás.

Hace veintiocho años, cuando mi mamá *(1. trabajó, trabajaba)* _____

en Sucre, y mi papá *(2. estuvo, estaba)* _____ de vacaciones también en

Sucre, una noche *(3. hay, había, hubo)* _____ una gran tormenta. Mi

mamá cuenta que aquella noche *(4. hacer, hizo, hacía)* _____ mucho

frío, *(5. llovió, llovía, lloverá)* _____ muchísimo y el coche de mi mamá

(6. descomponerse, se descompuso, se descomponía) _____ de repente. Mi

mamá *(7. tuvo, debía, tenía, debió)* _____ que volver a casa pronto porque ya

(8. era, estaba) _____ tarde, y *(9. hacía, hizo, tenía, tuvo)* _____

miedo porque la noche *(10. era, estaba, fue, estuvo)* _____ muy oscura.

Ella *(11. intentó, intentaba)* _____ tomar un taxi, pero

todos los taxis *(12. eran, estaban, fueron, estuvieron)* _____

ocupados. Ella no *(13. tenía, tuvo)* _____ un paraguas y su pelo

(14. era, estaba, fue, estuvo) _____ completamente mojado.

Entonces, mi papá *(15. pasaba, pasó)* _____ con su

coche por enfrente de la parada del autobús, y *(16. veía, vio, verá)* _____

a una muchacha muy bonita pero muy mojada. Mi papá

(17. enamorarse, se enamoró, se enamoraba) _____ de ella instantáneamente y, por

eso, la *(18. invitó, invitaba)* _____ a subir al coche. Al principio, ella

(19. desconfiaba, desconfió, desconfiar) _____ pero, pronto ella

(20. darse cuenta, se dio cuenta, se daba cuenta) _____ de que aquel chico

guapo *(21. pareció, parecía)* _____ una buena persona.

Mi mamá *(22. se subió, se subía)* _____ en el coche de mi

papá. Y mi papá *(23. la llevó, la llevaba)* _____ a casa. Cuando

(24. llegaron, llegaban) _____ a la casa de mi mamá, ellos

no *(25. quisieron, querer, querían)* _____ despedirse. Los dos

(26. tenían, tuvieron, debían, debieron) _____ levantarse temprano

al día siguiente, pero no *(27. les importaba, les importó)* _____. Sólo

(28. querían, quisieron) _____ estar juntos y hablar y hablar.

Aquella noche, ellos *(29. estaban, estuvieron, eran, fueron)* _____

en el coche hasta las tres de la mañana. Antes de marcharse, mi papá

(30. le pidió, le pedía, le preguntó, le preguntaba) _____ el número de

teléfono a mi mamá. Y mi mamá se *(31. lo dio, lo daba)* _____. Mi papá le

(32. decía, dijo) _____ que aquel momento era el más importante de su vida

y le *(33. decía, dijo)* _____ que *(34. fue, iba)* _____ a llamarla

por teléfono muy pronto.

Al principio, mi mamá *(35. creía, creyó)* _____ que él

(36. fue, era, estaba, estuvo) _____ un bromista. Pero al día siguiente, mi papá

la *(37. llamó, llamaba)* _____ por teléfono.

Durante un año, ellos *(38. salían, salieron)* _____ todos los fines de

semana, se *(39. llamaban, llamaron)* _____ por teléfono todos los días, y cada

día *(40. estaban, estuvieron, eran, fueron)* _____ más enamorados. El 8 de

febrero de 1978, mi papá y mi mamá se *(41. casaron, casaban)* _____ y hoy

todavía se aman.

10 Vidas paralelas

Lea a continuación las breves biografías de Amaya y Rebeca. Analice los pretéritos y los imperfectos usados. Escriba después unas oraciones explicativas comparando cada etapa de sus vidas paralelas. Use el pretérito o el imperfecto.

MODELO   Amaya tocaba el piano mientras *(while)* Rebeca miraba televisión.

Breve biografía de Amaya

- Cuando Amaya tenía siete años, estudiaba piano por mandato de sus padres. Su profesora le enseñaba piezas de Beethoven, pero a ella no le gustaban mucho.
- Cuando tenía trece años, Amaya iba a una academia de baile clásico. Su profesora tenía muy mal genio y a ella no le gustaba mucho ir a clase.
- Cuando tenía dieciocho años, Amaya empezó a salir con sus amigas, pero ella siempre tenía que estar en casa antes de las ocho de la noche. Su papá se enfurecía si ella llegaba tarde.
- Cuando tenía veintiún años, se casó con un banquero. Y, dos años más tarde, tuvieron un hijo.
- Su matrimonio fue muy tradicional. Como la mayoría de los hombres de la sociedad latina patriarcal, su marido siempre salía con sus amigos y ella se quedaba en casa.
- Amaya y su marido nunca se divorciaron.
- El día que ella cumplió cuarenta años, su marido se quedó en casa viendo un partido de fútbol. Ella fue a cenar sola al Café Paraíso de su barrio.

Breve biografía de Rebeca

- Cuando Rebeca tenía siete años, miraba la televisión todo el tiempo. Le gustaban las películas y los dibujos animados.
- Cuando tenía trece años, iba las tardes de los sábados a las discotecas infantiles y bailaba con sus amigos y amigas.
- Cuando tenía dieciocho años, Rebeca conoció a su primer amor. Los padres de Rebeca eran muy modernos, por eso los dos enamorados pasaban mucho tiempo en casa.
- Cuando tenía veintiún años, se fue a vivir con un director de cine. Dos años más tarde, se separaron y Rebeca se fue a vivir con un escritor famoso. Tuvieron un hijo y lo educaron al estilo hippy.
- Rebeca se casó más tarde con un economista. Pronto se divorciaron y Rebeca se fue a vivir con un cantante de rock muy joven.
- El día que ella cumplió cuarenta años, su compañero tenía que tocar en un concierto de rock en la capital. Ella fue a cenar sola al Café Paraíso de su barrio.

_____

_____

_____

_____

_____

_____

_____

_____

_____

_____

11 Verbos con significados diferentes

Empareje las oraciones de la Columna A con las de la Columna B.

A

_____ 1. Mi hermana no quiso
acompañarme al cine.

_____ 2. ¿Cuánto tiempo hace que
conociste a tu esposo?

_____ 3. ¿No pudiste cambiar la fecha de
la reunión?

_____ 4. Fernando nunca sabía la
lección.

_____ 5. En esos días ya conocía a Elena
pero no me gustaba.

_____ 6. No supe que mi hija había
dado a luz hasta que me llamó
mi yerno. *(son-in-law)*

_____ 7. Quiso ayudarme pero no pudo.

_____ 8. Le dije que podía ir con él,
pero que no quería hacerlo.

B

A. Nos conocimos en 1983 en la
cafetería de la residencia estudiantil.

B. Lo siento, pero fue imposible.

C. Entonces, ¿cómo se hicieron novios?

D. Sin su ayuda, ¿cómo lo terminaste al
final?

E. ¿Por eso tuviste que ir sola?

F. No me sorprende. No le gustaba
estudiar.

G. ¿Cómo te sentiste al oír la buena
noticia?

H. ¿Insistió él o te dejó en paz?

12 El amor de un pintor

Maggie y Johny son bolivianos y se conocieron hace muchos años. En 1985 Johny trabajaba como pintor. Maggie sabía que Johny era un buen pintor pero no lo conocía personalmente. Un día se conocieron por casualidad y se enamoraron a primera vista. Johny no sabía si Maggie era soltera o no. El Día de los Enamorados supo que ella no estaba casada por un comentario espontáneo de ella. Entonces le pidió una cita. Johny era muy tímido. Por su timidez, cuando se despidieron, él sólo pudo decirle a Maggie: "Amo tus ojos Número de Catálogo 152—Verde Irlanda de la Línea Vinikrom".

Conteste las siguientes preguntas con respuestas largas y completas.

MODELO   ¿Cuándo se conocieron Maggie y Johny?
Maggie y Johny se conocieron en 1985.

1. ¿Qué sabía Maggie de Johny antes de conocerlo personalmente?

   _____

2. Al principio, ¿sabía Johny que Maggie era soltera?

   _____

3. ¿Cuándo supo que Maggie no estaba casada?

   _____

4. ¿Aceptó Maggie la cita? ¿Quiso Maggie salir a cenar con Johny una noche?

   _____

5. ¿Qué no podía hacer Johny fácilmente por culpa de su timidez?

   _____

6. ¿Qué palabras pudo pronunciar Johny cuando se despidieron después de la primera cita?

   _____

13 Saber y conocer

Complete los espacios con el verbo apropiado. ¡Tenga cuidado con los tiempos presente y pasado!

Hace tres meses fui al lago Titicaca y (1) _____ a Gabriela. Ella vive en un pueblo cerca del lago desde que era niña. Ella (2) _____ cómo entretener a los amigos porque (3) _____ a mucha gente interesante. ¡Cómo me divertí con su compañía!

Ayer recibí una carta en la que me decía que vendría a los Estados Unidos a seguir sus estudios. ¡Me puse muy contento cuando lo (4) _____!

14 Las aventuras de Pepito

Lea con atención el siguiente relato y después conteste las preguntas.

Cuando Pepito era niño, hacía toda clase de travesuras.

1990 Pepito tenía tres años y empezó a ir al jardín de infantes. La maestra recuerda que ese año Pepito rompió varios juguetes pedagógicos que había en la escuela.

1993 Pepito tenía seis años y comenzó a asistir a la escuela primaria. En una ocasión, metió una rata en el escritorio de su compañera que era un año menor que él.

1994 Pepito llevó una serpiente a clase y todos sus compañeros salieron del aula corriendo mientras que él se divertía.

1996 Pepito había hecho tantas travesuras que fue suspendido de la escuela por tres meses.

1997 Pepito volvió a la escuela y desde entonces ha dejado de hacer travesuras.

1. ¿Cuánto tiempo hace que Pepito asiste a la escuela?

   _____

   _____

2. ¿Cuánto tiempo hace que Pepito metió una rata en el escritorio de su compañera?

   _____

   _____

3. ¿Qué edad tenía Pepito cuando llevó una serpiente a clase?

   _____

   _____

4. ¿Cuánto tiempo hacía que Pepito asistía a la escuela primaria cuando fue suspendido por tres meses?

   _____

   _____

5. ¿Hace cuánto tiempo que Pepito dejó de hacer travesuras?

   _____

   _____

6. ¿Cuántos años tiene Pepito ahora?

   _____

   _____

15 Los nuevos papás.

Lea el artículo siguiente y conteste las preguntas.

EL PERIÓDICO DE ¡Aventura!

Sección Cultural   Ejemplar Gratuito

Mi papá me mima

Los "nuevos papás" asisten al parto de sus hijos, les dan la mamadera, llevan a los bebés al médico y les cambian los pañales. Los besan y acunan sin sentir vergüenza de hacerlo.

Algo está cambiando. Y se nota en las salas de parto y en las plazas, ámbitos que hasta hace no mucho estaban reservados exclusivamente para las mujeres. Ahora los hombres ejercen su papel de padres de manera diferente: cambian pañales, bañan a sus bebés, les dan la mamadera. Son los síntomas de este nuevo fenómeno social que se llama "los nuevos papás".

Lo que hacen los "nuevos papás"

Los "nuevos papás" se distinguen del resto porque hacen todo lo que las mamás hicieron desde que el mundo es mundo. Es decir, asisten al parto, les dan la mamadera, cambian los pañales, preparan la papilla, llevan al bebé al médico, van a las reuniones del Jardín, disponen de tiempo extra para sus hijos, los besan y acunan sin sentir vergüenza de hacerlo, lavan los platos cuando la mamá no puede, se aguantan las "cargadas" de los compañeros y hasta consultan a un experto en familia si se enfrentan a un problema que no pueden resolver.

Diferencia con los padres de otras generaciones

Lo que hacen los "nuevos papás" son cosas impensables para las generaciones anteriores, donde papá sólo demostraba su amor manteniendo económicamente a la familia, frunciendo el ceño y, marcando, claramente, los límites entre lo que se "podía" hacer y lo que no se "debía" hacer.

Según un estudio norteamericano el 80% de los papás asiste al parto

Todavía no hay estadísticas bolivianas sobre el tema. Pero como el fenómeno "nuevo papá" es universal, es probable que las estadísticas norteamericanas publicadas por el Instituto de la Familia y el Trabajo de Nueva York coincidan con las que alguna vez se realizarán en nuestro país. Según este estudio, publicado por Connie Marshal en su libro "La gestación del padre" (Editorial Sudamericana), el 80% de los papás asiste al parto; el 87% considera que el papel del padre en la crianza es tan importante como el de la madre; el 73% se toma tiempo especial para cuidar a sus hijos; el 30% rechazó un empleo mejor para estar más tiempo con ellos. Todos tienen ideas, temores y dificultades comunes. El tiempo dirá hasta qué punto sus hijos crecieron siendo más felices que ellos. Porque, en última instancia, de eso se trata.

El parto sólo es el comienzo

La aventura del parto, con sus alegrías y pánicos es apenas el comienzo. Porque 48 horas después, si todo salió bien, papá, mamá y el bebé están en casa. Llegó, para el "nuevo papá", la epopeya de preparar las mamaderas, levantarse cada tres horas, ir a trabajar dormido, sentir que su mujer está con "otro" dentro de la misma casa y preguntarse desolado, frente al espejo que lo muestra hecho una ruina: "¿Qué habré hecho yo para merecer esto?". Situación que los papás de antes arreglaban fácil: daban por sentado que era un problema de la mujer, se hacían los dormidos o simplemente mascullaban: "¿No oís que el nene está llorando?". Soluciones tradicionales que los "nuevos papás" rechazan de plano. Para ellos, las batallas se libran con las mamás, espalda contra espalda.

1. Las mamás han hecho todas las tareas y han cuidado a los niños desde que el mundo es mundo. ¿Qué tareas hacen ahora los "nuevos papás"?

   _____

   _____

   _____

   _____

2. En las generaciones anteriores, ¿cómo demostraba el papá su amor?

   _____

   _____

   _____

   _____

3. Según las estadísticas norteamericanas publicadas por el Instituto de la Familia y el Trabajo de Nueva York, ¿qué porcentaje de papás asiste al parto?

   _____

   _____

   _____

   _____

4. ¿Y qué porcentaje de papás rechazó alguna vez un empleo mejor para estar más tiempo con sus hijos?

   _____

   _____

   _____

   _____

5. Según el artículo, cuarenta y ocho horas después del parto, el papá, la mamá y el bebé están en casa. En ese momento, ¿qué epopeya (aventura) llega para el "nuevo papá"?

   _____

   _____

   _____

   _____

6. Si el bebé lloraba por la noche, ¿cómo arreglaban fácilmente esa situación los papás de antes?

   _____

   _____

   _____

   _____

16 El debate

Imagine que está participando en un debate entre el grupo A y el grupo B.

- El grupo A opina que los "nuevos papás" son muy diferentes a los tradicionales. La mamá ya no es la única que cría a los hijos. El papel del papá es tan importante como el de la mamá.

- El grupo B opina que básicamente los "nuevos papás" son iguales a los papás tradicionales. Han cambiado pequeñas cosas. Pero las mamás son todavía las que cumplen el papel más importante en la crianza de los hijos.

Según sus ideas y opiniones, ¿con qué grupo se identificaría? Organice sus ideas y presente los aspectos para convencer al grupo contrario de sus razones.

_____

_____

_____

_____

_____

_____

_____

17 Preguntas personales

Conteste las siguientes preguntas.

1. ¿Cómo es tu familia? ¿Grande? ¿Pequeña? ¿Tienes hermanos y hermanas? ¿Cómo son?

_____

_____

_____

2. ¿Hay una "oveja negra" en tu familia? ¿Quién es? ¿Por qué?

_____

_____

_____

3. ¿Cuáles crees que son las responsabilidades del hombre y de la mujer en el matrimonio?

_____

_____

_____

4. ¿Te llevas bien con tu familia? Describe brevemente tus relaciones con los miembros de tu familia.

   _____

   _____

   _____

5. ¿Cuáles son los quehaceres domésticos que menos te gustan?

   _____

   _____

   _____

6. ¿Crees que existe el amor a primera vista? ¿Por qué?

   _____

   _____

   _____

7. ¿Cuáles son algunas ventajas y desventajas de ser soltero(a)?

   _____

   _____

   _____

8. ¿Prefieres salir con una sola persona o con diferentes personas? ¿Por qué?

   _____

   _____

   _____

Capítulo 5

1 En busca de empleo

Ud. trabaja en una agencia de empleo y está tratando de seleccionar a los postulantes para las ofertas que hay en este momento.

MODELO Javier tiene veintidós años, le gusta la gente y sabe contestar el teléfono con cortesía y educación.
Javier puede trabajar como telefonista / recepcionista.

EMPRESA NACIONAL DE SERVICIOS PRECISA
TÉCNICO

Se requiere:
♦ Formación Profesional II rama Electricidad o electrónica industrial.
♦ Servicio militar cumplido.
♦ Carnet de conducir.
♦ Abstenerse mayores de 27 años
Se ofrece:
♦ Incorporación a compañía en expansión
♦ Oportunidad de desarrollo profesional.
♦ Lugar de Trabajo: Torrejón de Ardoz.
♦ Retribución bruta inicial 1.430.000 Ptas.
Enviar curriculum vitae detallado y fotografía reciente así como teléfono de contacto al Apartado de Correos no. 226 de Veracruz
Ref. Técnico.

SOMOS UN GRUPO DE EMPRESAS DE ÁMBITO NACIONAL EN DIVERSOS SECTORES DE ACTIVIDAD, ESTAMOS SELECCIONANDO:

TELEFONISTA/ RECEPCIONISTA

SE REQUIERE

• Edad: 18 – 25 años
• Buena presencia
• Don de gentes
• Buen nivel cultural
• Preferible zona Pozuelo y alrededores
• Conocimientos informáticas como usuario

ADMINISTRATIVO CONTABLE

SE REQUIERE

• Formación académica (FP-2 diplomado)
• Conocimientos informáticos como usuario
• Experiencia práctica demostrable

Interesados enviar curriculum vitae y fotografía al Correos 57.102. Zócalo, D.F.

Necesitamos
MENSAJEROS
Condiciones inmejorables
Trabajo constante
Jornada completa
o media jornada.
Ven a vernos o llámanos.
Tel: 533 26 00. Luis Peña.
mundi express
Agustin de Betancourt, 7

MINISTERIO DE INDUSTRIA Y ENERGÍA

INGENIERO/A TÉCNICO/A

(temporal) en al Centro de Investigaciones Energéticas, Medioambientales y Tecnológicas, 3 plazas.
Convocatoria BOE: 06.02.91. plazo de presentación de instancias hasta: 26.02.91. Bases: Tablones de anuncios del Organismo, Avda. Complutense, 22. Título de Ingeniero/a Técnico/a

INFORMACIÓN:

C/ Marqués de Monasterio, 3
San Miguel de Allende

Canon
SISTEMAS DE OFICINA MADRID-S. S.A.
Para ampliar su plantilla
NECESITAMOS
VENDEDORES/AS ADMINISTRATIVA/O
OF RECEMOS:
• Sueldo fijo
• Vendedores, Ingresos superiores a 3.500.000.-
FIJO 1.500.000,- ptas. AÑO.
• Seguridad Social.
• Sueldo negociable a vendedores con experiencia.

Interesados presentarse o concertar entrevista en C/ Ulises, 7 (Metro Arturo Soria).
Tel: 759 09 12.
De 10 a t y de 5 a 7

1. Mari Carmen sólo puede trabajar media jornada porque estudia por la mañana.

_____

2. Vicente sabe mucho de computadoras y fotocopiadoras porque ha trabajado como vendedor de ellas.

_____

3. Begoña habla inglés y español, ha trabajado como secretaria y es muy agradable.

_____

4. José Félix tiene una formación profesional y sabe mucho de electrónica; por eso busca un empleo con posibilidades para el futuro.

   _____

5. A Patricia le interesa mucho la investigación ha estudiado matemáticas e informática y busca trabajo para el verano.

   _____

2 En el banco

Javier ha tenido mucha suerte y acaba de conseguir un puesto de telefonista/recepcionista. Como es su primer puesto, se siente importante y sueña con un nuevo coche. Va al banco para ver las posibilidades de comprarse uno. Complete el diálogo con el siguiente vocabulario.

contratar	el pago inicial	pedir un préstamo
un contratiempo	en cuotas mensuales	el sueldo
los intereses	deberle	

JAVIER: Me gustaría (1) _____ para comprarme un coche.

BANQUERO: Muy bien, ¿cuándo podría hacer (2) _____?

JAVIER: Pues, me acaban de (3) _____ en un banco y todavía no

              me han dicho cuánto va a ser (4) _____ ni cuándo me

              lo van a pagar.

BANQUERO: Mmmm, me parece que tenemos (5) _____ muy grave.

              Si Ud. desea pagar (6) _____, tiene que saber que

              (7) _____ serán muy altos.

JAVIER: Ya lo sé. Además he leído que los mexicanos pagamos mucho en impuestos de

              coches. ¡Me da miedo (8) _____ al banco por el resto de

              mi vida!

3 Transacciones bancarias

La mañana se le ha pasado volando pero, gracias a Dios, ha hecho todo lo que tenía que hacer. Ponga las oraciones en el presente perfecto.

MODELO   Ir al banco. Pedir un préstamo para mis estudios.
<u>He ido al banco y he pedido un préstamo para mis estudios.</u>

1. Abrir una cuenta. Depositar varios cheques.

   _____

   _____

2. Hacer las cuentas del mes. Pagar todas mis deudas.

   _____

   _____

3. Cancelar varias tarjetas de crédito. Resolver no comprar a largo plazo.

   _____

   _____

4. Comprar un giro bancario. Hacer el pago inicial de una casa.

   _____

   _____

5. Trabajar mucho. Poner varias cosas al día.

   _____

   _____

4 Una ventana abierta a la imaginación

La familia Sierra leyó el anuncio del Banco de México y de inmediato todos ellos solicitaron un crédito para hacer realidad sus proyectos. Complete las oraciones, usando el presente perfecto de los verbos indicados.

MODELO Antonio ya <u>ha visto</u> (ver) un computadora… <u>que comprará para poder estudiar computación en casa.</u>

1. Los Sres. Sierra _____ *(comprar)* su propio apartamento para…

   _____

2. Pilar _____ *(hacer)* una reservación para hacer el viaje a…

   _____

3. Antonio _____ *(obtener)* un préstamo y _____ *(irse)* a recorrer el mundo en una moto…

   _____

4. El tío Juan _____ *(realizar)* sus sueños y _____ *(solicitar)* un préstamo para…

   _____

5. Elena y yo _____ *(abrir)* una cuenta de ahorros…

   _____

6. Toda la familia _____ *(descubrir)* que el Banco de México…

_____

7. El banco siempre _____ *(satisfacer)* las necesidades básicas de…

_____

8. Nosotros _____ *(tener)* suerte con…

_____

5 ¡Y ahora le toca a Ud.!

¿Qué proyectos no ha podido realizar todavía por falta de dinero?

MODELO   Todavía no he hecho un viaje a Sudamérica, pero lo haré algún día.

1. _____

_____

2. _____

_____

3. _____

_____

6 Me contó que…

Mireya acaba de llegar de un largo viaje de negocios por los Estados Unidos y a su llegada, por supuesto, le contó todo a su esposo Leonardo. Ahora, toda la familia quiere saber qué le contó Mireya a Leonardo. Use los verbos **contar, decir, explicar, informar de,** para completar las oraciones.

MODELO   Hacer muchos negocios
Me contó que había hecho muchos negocios.

1. Tener una reunión con los compradores

_____

_____

2. Recibir varias ofertas para la empresa

   _____

   _____

3. Llevarse bien con todos

   _____

   _____

4. Frustrarse con algunos clientes

   _____

   _____

5. Irritarse con el jefe de ventas

   _____

   _____

6. Tener cuidado de no firmar ningún documento

   _____

   _____

7. Recibir muchas atenciones de las empresas norteamericanas

   _____

   _____

8. Decidir hacer muchos negocios con empresas extranjeras

   _____

   _____

7 La mujer en la política latinoamericana

Para favorecer la igualdad entre los dos sexos, todos los gobiernos de América Latina firmaron un convenio de no discriminación. En consecuencia, las leyes son iguales para todos, aunque, claro, las normas sociales y el comportamiento real de las personas cambian más lentamente. Es interesante analizar las fechas en que los distintos países obtuvieron el voto femenino por primera vez, o las fechas en que se eligió a la primera mujer ministra. Observe los gráficos y complete la información que les sigue con la forma correcta del verbo en el pluscuamperfecto o en el pretérito.

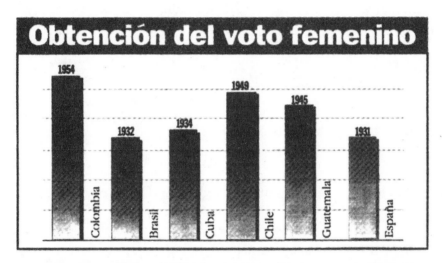

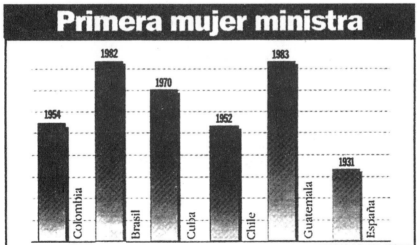

Según el gráfico, España *(1. ser)* _____ el primer país en

que una mujer ocupó el puesto de ministra. Sin embargo, esto no significa que España

fue el primer país que tuvo en consideración a la mujer en términos políticos y legales.

Cuando en España todavía no sabían lo que era el divorcio, por ejemplo, Uruguay ya

(2. aprobar) _____ una ley, en 1907, según la cual la mujer era libre para divorciarse, y el hombre, en cambio, necesitaba el consentimiento de su cónyuge. Esa ley todavía sigue hoy vigente.

En la década de los cincuenta, otros dos países *(3. elegir)* _____ a sus primeras ministras. Cuando en Colombia la primera mujer ministra *(4. subir)* _____ al poder, hacía ya dos años que la población chilena *(5. elegir)* _____ en las votaciones a la primera ministra chilena.

En Colombia ese mismo año, en 1954, y con la victoria de la primera ministra, las mujeres *(6. conseguir)* _____ su derecho al voto. Una coincidencia similar *(7. darse)* _____ en España veintitrés años antes, en 1931, año en que la primera ministra española subió al poder y las mujeres españolas *(8. conseguir)* _____ el derecho a votar.

En otros países los dos hechos no coinciden. En Cuba, por ejemplo, para cuando una mujer *(9. ocupar)* _____ un puesto en un Ministerio por primera vez (1970), el derecho del voto de la mujer ya *(10. cumplir)* _____ treinta y seis años de existencia. En Brasil ocurrió lo mismo. El derecho al voto femenino *(11. conseguirse)* _____ en 1932, pero una mujer no *(12. ocupar)* _____ un puesto como ministra hasta cincuenta años más tarde, en 1982. En Guatemala, como último ejemplo, ya *(13. pasar)* _____ treinta y ocho años de gobierno que aceptaba el voto femenino cuando por fin la primera ministra guatemalteca *(14. obtener)* _____ ese puesto.

8 Los consejos de papá

Hoy Julito cumple veinticuatro años. Julito no ha podido encontrar un trabajo y hace seis meses que está desempleado *(unemployed)*. Como no trabaja, Julito se levanta siempre muy tarde y pasa mucho tiempo en casa, tocando la guitarra, leyendo revistas de música y descansando. Su papá está furioso con él. Y ha decidido darle unos "consejos" como regalo de cumpleaños. Complete los siguientes consejos con la forma correcta del verbo en el presente perfecto o en el pluscuamperfecto, según corresponda. Recuerde que el pronombre debe preceder al verbo.

1. Julito, todavía tú no *(matricularse)* _____ este año en la

    universidad y debes matricularte. Para cuando yo cumplí veinticuatro años, yo ya

    (terminar) _____ un Máster en Ciencias Económicas.

2. Julito, tú nunca *(trabajar)* _____ y ahora debes buscar un trabajo.

    Para cuando yo cumplí veinticuatro años, yo ya *(trabajar)* _____

    durante dos veranos como ayudante en un banco.

3. Julito, en el último año tú *(salir)* _____ con muchas chicas

    diferentes pero ninguna de tus relaciones *(ser)* _____ seria y

    formal. Debes buscar una novia seria y formal. Para cuando yo cumplí veinticuatro

    años, yo ya *(proponerle)* _____ matrimonio a tu madre.

4. Julito, acabo de ver tu libreta de ahorros y he visto que en los últimos tres años
    tú no *(ahorrar)* _____ nada en absoluto. Debes empezar
    a ahorrar para comprarte una computadora y un coche. Para cuando yo cumplí
    veinticuatro años, yo ya *(ahorrar)* _____ 6.000 pesos y ya
    (pagar) _____ la primera cuota mensual de mi coche.

5. Julito, debes aceptar un puesto de trabajo en la empresa de la familia. Para cuando yo
    cumplí veinticuatro años, mi papá ya *(ofrecerme)* _____ el cargo
    de director del Departamento de Finanzas.

6. Julito, tú nunca *(mostrar)* _____ interés por conocer a
    tus parientes. Creo que ya es hora. Debes viajar a Suiza para visitar a nuestros
    familiares millonarios. Para cuando yo cumplí veinticuatro años, mis abuelos ya
    (darme) _____ mucho dinero por ser su nieto favorito.

7. Julito, en el último año tú no *(cortarse)* _____ el pelo y no
    (afeitarse) _____. Debes cambiar tu forma de vestir, debes
    cortarte el pelo y debes tirar esos jeans viejos. Para cuando yo cumplí veinticuatro años,
    mi mamá ya *(hacerme)* _____ mi primer traje y mis amigos de la
    universidad *(regalarme)* _____ mi primera corbata.

Nombre: _____ Fecha:_____

9 ¿Quién es mejor?

La familia Estrada y la familia Lorenzo pelean mucho. Cuando los Estrada dicen algo, los Lorenzo siempre quieren mostrar su superioridad. Complete los minidiálogos con las formas apropiadas del presente perfecto o del pluscuamperfecto.

MODELO —Mi mujer <u>ha escrito</u> (escribir) una novela.
—¡Eso no es nada! Cuando ella escribió la novela, mi hijo menor ya <u>había publicado</u> dos.

1. —Nuestra hija *(dar)* _____ a luz un bebé precioso.

   —Pues cuando su hija dio a luz nuestra nieta ya *(entrar)* _____ a la escuela.

2. —Mi marido *(levantarse)* _____ a las cinco de la mañana para preparar el desayuno para toda la familia.

   —¿Y qué? A esa hora el mío ya *(hacer)* _____ las camas y

   (arreglar) _____ los cuartos.

3. —Nuestro hijo *(enamorarse)* _____ de una muchacha muy inteligente y hermosa.

   —¡Ja! A su edad nuestro hijo ya *(romper)* _____ los corazones de muchas muchachas.

4. —Nuestros sobrinos *(aprender)* _____ a leer y hoy nos

   (leer) _____ un cuento en voz alta.

   —Poca cosa. Los nuestros a los cuatro años ya *(participar)* _____ en concursos de lectura.

10 Explicaciones sobre el mundo de los negocios

Su compañero no entiende muy bien el mundo de los negocios y necesita que le dé una explicación para cada comentario. Complete la idea con una nueva oración usando los pronombres apropiados.

MODELO   El jefe saludó **a los empleados**.
<u>**Los** saludó porque es un hombre muy bien educado.</u>

Empresas para todo

Un pequeño problema se hace grande si no se sabe a quién recurrir, pero existen empresas *solucionadoras* que abarcan infinidad de servicios al consumidor, se encargan de todo y satisfacen las necesidades más insólitas.

ALQUILABLE
• Sillas, mesas y platos: de 10 pesos a 52 pesos por persona.
• Billares: 2,500 pesos por semana y 3.200 pesos por mes.
• Futbolines: 625 pesos por semana y 1.500 pesos por mes.
• Herramientas: en todos los casos se debe hacer un depósito.
• Cámaras de video: un fin de semana, 525 pesos.

• Equipos de música y luces de discoteca: mínimo, 2.300 pesos.
• Plantas (máximo 8 días): kentía grande, 400 pesos; ficus, de 30 a 60 pesos. Adornar un salón grande: desde 4.200 pesos.
• Telegramas por teléfono: México, 2 pesos cada palabra, más 25 pesos de tasa fija. Las Américas, 5 pesos por palabra, más 10 de tasa. Europa, Asia, África, y Oceanía, 20 pesos por palabra más 10 de tasa.

• Peso de bebés: un mes, 100 pesos.
• Guarderías de animales y plantas. Bonsáis: 15 días, de 120 a 240 pesos. Caninos: 35 pesos diarios. Terrarios para reptiles: 6 pesos.
• Empresas de servicios: desde 390 a 750 pesos mensuales.

1. El gerente contrató **a tres nuevos empleados**.

   _____

   _____

2. La señora Gumucio regateó **la mercadería**.

   _____

   _____

3. El vendedor **le** explicó **a la señora Gumucio las condiciones de pago**.

   _____

   _____

4. Ayer **te** di **la dirección de la fábrica**.

_____

_____

5. Llamamos por teléfono **a los compradores**.

_____

_____

6. Pusimos **un anuncio** en el periódico.

_____

_____

7. La compañía envió **la mercadería a sus clientes**.

_____

_____

11 Empresas para todo

Mateo y Belén terminan sus estudios este año y están preparando su fiesta de graduación. Afortunadamente hay empresas que se hacen cargo de todo y solucionan muchos problemas. Lea con atención el siguiente anuncio. Después, complete el diálogo a continuación con **los** pronombres apropiados.

MATEO: ¿Dónde podemos alquilar sillas y mesas para la fiesta?

BELÉN: (1) _____ podemos alquilar en una empresa de servicios al

consumidor que se encarga de todo.

MATEO: Para la fiesta a mí también (2) _____ gustaría tener una cámara

de video para filmar a los invitados. ¿(3) _____ podrías alquilar

en la misma empresa de servicios?

BELÉN: Seguro. Y también los equipos de música. (4) _____ tienen

desde 2.300 pesos. Sólo hay que solicitar (5) _____ con dos días

de antelación.

MATEO: ¿Y quién va a adornar el salón?

BELÉN: (6) _____ (7) _____ vamos a pedir a Raúl. A él

(8) _____ gusta hacer esas cosas.

MATEO: Menos mal que hay una empresa para todo y contamos con la ayuda de todos

los amigos.

12 Pronombres preposicionales

Complete con el pronombre correspondiente.

1. He encontrado trabajo en una gran **empresa comercial**. Trabajo para _____ desde el mes de enero.

2. Con el dinero que gane voy a pagar **mis deudas**. No quiero sufrir más por _____.

3. **María Elena** ha renunciado a su cargo. Según _____, el sueldo era muy bajo.

4. En la empresa se contrató a **un nuevo cajero**. Es un muchacho muy joven. El jefe confía en _____.

5. Antes de partir, **la gerente** firmó un nuevo contrato y se lo llevó con _____.

6. Manuel **te** escribió la semana pasada. Me dijo que quería formar una sociedad con _____.

7. Raúl, nuestro compañero en la universidad, compró **una fábrica de zapatos**. No hace más que hablar de _____.

8. Los clientes pensaban que **los productos** eran muy caros. Se les ofreció un descuento especial por _____.

13 Discursos, discursos, discursos

El señor Zabaleta es un economista mundialmente conocido en el mundo de los negocios. El trabajo del señor Zabaleta consiste en dar discursos. Él es una persona muy importante, es director de una empresa, y su empresa es la más famosa del país. Por eso siempre da discursos de economía, discursos de inauguración, discursos de bienvenida o discursos de… Da todo tipo de discursos.

El año pasado el señor Zabaleta conoció a una bella mujer con la que se ha casado hace apenas una semana. Por supuesto, después de pasar una semana juntos en Hawai de luna de miel, el señor Zabaleta ha preparado un discurso para su esposa.

Complete el discurso con los pronombres correspondientes. Pueden ser pronombres de complemento preposicional, pronombres de objeto directo o indirecto, pronombres personales, pronombres reflexivos o pronombres recíprocos.

Estimada Ana,

Desde hoy eres mi esposa. Y (1) _____ tenemos que considerar esta unión como una sociedad, una empresa, en la que (2) _____ inviertes y (3) _____ invierto (dinero, sentimientos, confianza, etcétera). Para los dos, para (4) _____, este matrimonio será un negocio en el que obtendremos ganancias (momentos felices) y pérdidas (discusiones, peleas…). Pero todo va a funcionar bien. Entre (5) _____ y (6) _____, es decir, entre nosotros, no habrá problemas. Porque para mí, tú no eres mi empleada. Para ti, yo no soy tu gerente. Para (7) _____, tú no eres mi jefa. Para (8) _____, yo no soy tu cliente. Simplemente somos socios.

Pensemos en esta semana que hemos pasado juntos. Yo he estado con (9) _____ todo el tiempo. Tú has estado con (10) _____ todo el tiempo y no nos hemos aburrido. Lo hemos pasado muy bien, ¿no crees? (11) _____ hemos besado, (12) _____ hemos abrazado, hemos hablado mucho. Ayer hablé con el dueño del hotel, y según (13) _____, tú y yo somos la pareja perfecta. También hablé con nuestros amigos Arturo y Sara, y según (14) _____, tú y yo (15) _____ miramos todo el tiempo de una forma super especial. No podemos esconder que nosotros (16) _____ amamos.

Esta mañana, yo (17) _____ he despertado muy feliz. (18) _____ he duchado, (19) _____ he afeitado y después he preparado el desayuno para (20) _____. (21) _____ he sentido muy feliz, mientras tú (22) _____ has duchado y (23) _____ has maquillado. Me ha gustado mucho desayunar contigo.

Ahora quiero decir (24)_____ una última cosa. Si soy egoísta y
pienso en (25)_____ (26)_____, creo que jamás he sido tan
feliz como ahora. ¿Y tú? Piensa en (27)_____ (28)_____
y no en los demás. ¿Te alegras de ser mi esposa? Por (29)_____ , yo
haría cualquier cosa. ¿Y tú? ¿Qué harías tú por (30)_____? Contesta
(31)_____ mi pregunta. ¿Te alegras de ser mi esposa y mi socia? Yo me alegro
mucho.

14 Los gustos

Siga el ejemplo y, usando el verbo **gustar** y otros verbos semejantes. Forme oraciones
completas.

MODELO niños / gustar(le) / correr / calles
A los niños les gusta correr en las calles.

1. ellos / interesar(le) / clientes extranjeros

   _____

   _____

2. los turistas / agradar(le) / pagar / en efectivo

   _____

   _____

3. a veces / estudiantes / faltar(le) / energía / estudiar

   _____

   _____

4. vosotras / gustar(le) / llevar / zapatos / nuevos

   _____

   _____

5. los jóvenes / molestar(le) / quedarse / casa

   _____

   _____

6. todos / clientes / gustar(le) / escuchar / música

   _____

   _____

7. profesora / encantar(le) / estudiantes / preparados

_____

_____

8. a mí / doler(le) / el estómago y la cabeza

_____

_____

15 Materialistas versus románticos

Lea con cuidado la lista de aspectos que diferencian a los materialistas y a los románticos.

* A los materialistas les **gusta** el dinero. Les gustan las cosas materiales. Sin embargo, a los románticos les gusta el amor. Les gustan las flores y la poesía.

* A los materialistas les **conviene** pensar siempre en el dinero. Les conviene tener amigos prácticos y sensatos. A los románticos les convienen las personas dulces y sensibles.

* A los materialistas les **duele** perder dinero. A los románticos les duele perder al amor de su vida.

* A los materialistas les **encantan** los negocios, las acciones y las ganancias. Les encanta invertir, gastar, comprar mercancías, venderlas, hacer dinero. A los románticos les encantan las palabras hermosas, los besos y los abrazos. Les encanta pasear por la playa y recitar poemas de amor.

* A los materialistas no les **importan** los empleados como personas. A los románticos les importa eso. A los materialistas les importa perder mucho dinero. A los románticos no les importa tener pérdidas en su empresa, si sus empleados son felices.

* A los materialistas les **interesa** el estado económico de la sociedad. Les interesan los periódicos de negocios. A los románticos les interesa el estado ético de la sociedad. Les interesan los pensamientos y sentimientos de las personas.

* A los materialistas les **molestan** los creyentes en Lord Byron. Y a los románticos les molestan los creyentes en Ford.

* A los materialistas, las teorías sobre el amor supremo les **parecen** ridículas. Y a los románticos, las teorías sobre la máxima productividad y el máximo rendimiento les parecen frías e inhumanas.

* Sin embargo, a todos les **falta** algo. A los materialistas les falta el amor. Les faltan los sentimientos profundos. Pero a los románticos les falta el sentido práctico. Porque, ¡el hombre no se alimenta solamente de amor! Si a los materialistas les quitan el dinero, no les **queda** nada. Y si a los románticos les quitan el amor, tampoco les queda nada.

Imagine que está participando en un debate. ¿Con qué grupo le identifica? ¿Con los materialistas o con los románticos? Prepare los argumentos de ataque y contra ataque para defender su teoría y la de sus compañeros en el debate de materialistas contra románticos. Responda a las siguientes preguntas: "Si somos materialistas (o románticos)…"

1. ¿Qué nos gusta? ¿Por qué?

   _____

   _____

2. ¿Qué preferimos en la vida? ¿Por qué?

   _____

   _____

3. ¿Qué cosas nos interesan? ¿Qué cosas no nos interesan?

   _____

   _____

4. ¿Qué nos encanta hacer? ¿Qué no nos encanta?

   _____

   _____

5. ¿Qué nos molesta? ¿Por qué?

   _____

   _____

6. ¿Qué nos conviene en nuestra vida profesional? ¿Y en nuestra vida social?

   _____

   _____

7. ¿Qué nos falta para ser completamente felices?

   _____

   _____

16 Cómo se consigue un buen empleo

Escriba ocho oraciones impersonales con los elementos de A y B.

MODELO   **Consultar** con
una compañía de empleos.
<u>Se consulta con una compañía de empleos.</u>

A	B
1. **Consultar** con	A. el encargado
2. **Preguntar** cuáles son	B. el contrato de trabajo
3. **Pedir** hablar con	C. el sueldo
4. **Preguntar** por	D. una compañía de empleos
5. **Averiguar** si el empleo	E. es de jornada completa o media jornada
6. **Hablar** sobre	F. las condiciones de trabajo
7. **Convenir**	G. el jefe de personal
8. **Firmar**	H. los puestos vacantes

1. _____

2. _____

3. _____

4. _____

5. _____

6. _____

7. _____

8. _____

17 ¡Ahorrar es tan difícil!

Es fin de mes y todo el mundo anda mal de dinero. Nadie ha ahorrado demasiado este mes. Y, ¡claro!, Ud. y todos sus amigos están inventando excusas para explicar por dónde "se les **ha** ido" el dinero. Modifique las oraciónes con el pronombre **se** (no responsable).

MODELO   El coche de Pedro se descompuso… (y ha tenido que llevarlo al garaje)
<u>A Pedro se le descompuso el coche.</u>

1. El mes anterior Mónica olvidó pagar la factura del teléfono… (y ha tenido que **pagarla** este mes)

_____

_____

2. Fernando perdió sus tarjetas de crédito... (y alguien las ha usado)

   _____

   _____

3. Al correr, me rompí mis medias de seda... (y he tenido que comprarme otro par)

   _____

   _____

4. Olvidé el número secreto de mi telecaja... (y he tenido que pedir dinero prestado a mis padres)

   _____

   _____

5. Berta descompuso la computadora de Leo... (y han tenido que llevarla al técnico)

   _____

   _____

18 Venta de campo

Lea el anuncio con atención y después complete la carta con **a, al** o **con.**

VENDO CAMPO

GRAN EXTENSIÓN DE
100.000 HECTÁREAS
PARA GANADO VACUNO
EQUINO - OVINO Y CAPRINO
IDEAL COTO DE CAZA MENOR
Y MAYOR

INTERESADOS Y MAYORES
INFORMES DIRIGIRSE A:
Oscar Rey o Jorge Martínez
Gorriti, 185
1832 Lomas de Zamora
D.F., Mexico
Tefls.: 244 43 16 - 292 61 97
del D.F., México

Óscar Rey y Compañía
Gorrit, 185
1832 Lomas de Zamora
D.F., México

Distinguidos señores:

Me dirijo (1) _____ Uds. (2) _____ respecto (3) _____ campo que
tienen en venta. (4) _____ ver el anuncio en el periódico, lo leí (5) _____ mucha
atención. Desde hace varios años busco un campo donde pueda trabajar (6) _____
tranquilidad.

El único inconveniente es que vivo en la frontera y es difícil para mí ir
(7) _____ visitar el campo. Les ruego enviarme un paquete (8) _____ toda la
información sobre el campo y los contratos.

Si desean comunicarse (9) _____ (mí) llámenme por teléfono. Generalmente
llego (10) _____ casa (11) _____ las seis de la tarde.

Espero su respuesta (12) _____ mucho interés.

19 Selecciones

Si fuera un/a inmigrante en México y deseara integrarse a la vida mexicana, tendría que buscar servicios de información, como Solidaridad Democrática. En sus oficinas, seguramente le harían las siguientes preguntas. Seleccione la(s) palabra(s) correcta(s).

¿ERES EXTRANJERO?

¿PIENSAS QUEDARTE A VIVIR ENTRE NOSOTROS, PERO SE TE PLANTEAN PROBLEMAS?

SOLIDARIDAD DEMOCRÁTICA
Tel. 460 12 99

PARA TI hemos abierto un SERVICIO DE INFORMACIÓN Y ASESORAMIENTO, cuyo objetivo es orientar a los extranjeros que pretenden integrarse en nuestra sociedad sobre sus derechos y deberes civiles, la legislación mexicana de acogida y protección jurídica, y en especial INFORMAR Y ORIENTAR sobre:

1. Ley de Extranjería.

   • Derechos y deberes de los extranjeros.

   • Documentación de entrada. Visados:
       — De estancia.
       — De residencia.

   • Documentación de estancia y residencia en México

       — Permisos de residencia.
       — Regímenes especiales.

   • Empleo, trabajo y establecimiento.

       — Permiso de trabajo.

   • Nacionalidad mexicana

2. Área de educación.

3. Área de salud.

4. Recursos sociales.

**FUNDACIÓN
SOLIDARIDAD DEMOCRÁTICA**
Sallaberry, 81
D.F.

1. ¿_____ *(Piensas / Piensas en)* quedarte a vivir en México?

2. ¿Qué _____ *(piensas en / piensas de)* la sociedad mexicana?

3. ¿_____ *(Piensas / Piensas de)* que tu nivel de vida será mejor aquí que en tu país de origen?

4. ¿Por qué _____ *(has venido / has llegado)* a hablar con nosotros hoy?

5. ¿Por qué no _____ *(vas / vienes)* mañana a la embajada para solicitar los documentos que te hacen falta?

20 Latinoamérica

Lea el artículo siguiente y conteste las preguntas.

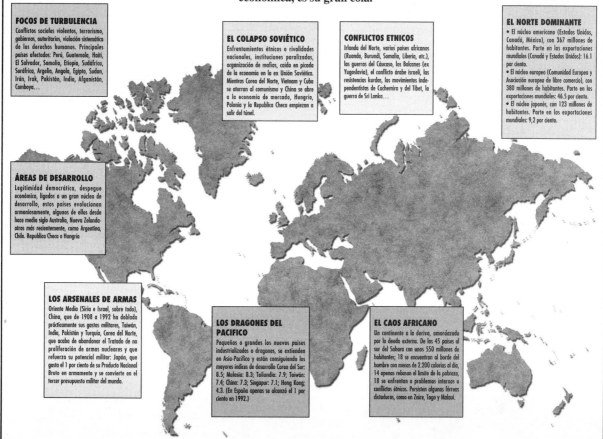

EL PERIÓDICO DE ¡Aventura!

Suramérica: la gran cola del cangrejo mundial

Suramérica es un nido de desigualdades que, más que geográficas o culturales, están ya basadas en los índices de desarrollo. En un extremo se encuentra Guatemala, donde existe una oligarquía sanguinaria que manipula a sus anchas el proceso democrático y la economía. En este país, el 70% de la población es indígena, y la mayoría vive por debajo del umbral de la pobreza. En la otra punta, geográfica y social, se encuentra Chile, un país con muy poca población nativa que se ha sobrepuesto con éxito a una dictadura paranoica. Cuba es un caso único: tiene una economía planificada y la peculiaridad de haber vivido una revolución que cambió sus estructuras. El hundimiento de la URSS la dejó en mantillas. Brasil es un mundo en sí; es el gran gigante del área, con una superficie que comprende más de la mitad del continente y 160 millones de habitantes. Como último ejemplo, Colombia, que es un país mediano con una alta conflictividad, con el añadido del narcotráfico.

Dicen los nuevos estrategas norteamericanos que el mundo se parece ahora a un cangrejo en el que sus partes vitales, Estados Unidos y Canadá, están protegidas por un fuerte caparazón, y Suramérica, con su reserva económica, es su gran cola.

FOCOS DE TURBULENCIA
Conflictos sociales violentos, terrorismo, gobiernos autoritarios, violación sistemática de los derechos humanos. Principales países afectados: Perú, Guatemala, Haití, El Salvador, Somalia, Etiopía, Sudáfrica, Suráfrica, Argelia, Angola, Egipto, Sudan, Irán, Irak, Pakistán, India, Afganistán, Camboya...

EL COLAPSO SOVIÉTICO
Enfrentamientos étnicos o rivalidades nacionales, instituciones paralizadas, organización de mafias, caída en picada de la economía en la ex Unión Soviética. Mientras Corea del Norte, Vietnam y Cuba se aferran al comunismo y China se abre a la economía de mercado, los Hungría, Polonia y la República Checa empiezan a salir del túnel.

CONFLICTOS ETNICOS
Irlanda del Norte, varios países africanos (Ruanda, Burundi, Somalia, Liberia, etc.), las guerras del Cáucaso, los Balcanes (ex Yugoslavia), el conflicto árabe israelí, las resistencias kurdas, los movimientos independentistas de Cachemira y del Tíbet, la guerra de Sri Lanka...

EL NORTE DOMINANTE
• El núcleo americano (Estados Unidos, Canadá, México), con 367 millones de habitantes. Parte en las exportaciones mundiales (Canadá y Estados Unidos): 16.1 por ciento.
• El núcleo europeo (Comunidad Europea y Asociación europea de libre comercio), con 380 millones de habitantes. Parte en las exportaciones mundiales: 46.5 por ciento.
• El núcleo japonés, con 123 millones de habitantes. Parte en las exportaciones mundiales: 9,2 por ciento.

ÁREAS DE DESARROLLO
Legitimidad democrática, despegue económico, ligados a un gran núcleo de desarrollo, estos países evolucionan armoniosamente, algunos de ellos desde hace media siglo Australia, Nueva Zelanda otros más recientemente, como Argentina, Chile. República Checa o Hungría

LOS ARSENALES DE ARMAS
Oriente Media (Siria e Israel, sobre todo), China, que de 1908 a 1992 ha doblado prácticamente sus gastos militares, Taiwán, India, Pakistán y Turquía, Corea del Norte, que acaba de abandonar el Tratado de no proliferación de armas nucleares y que refuerza su potencial militar: Japón, que gasta el 1 por ciento de su Producto Nacional Bruto en armamento y se convierte en el tercer presupuesto militar del mundo.

LOS DRAGONES DEL PACÍFICO
Pequeños o grandes los nuevos países industrializados o dragones, se extienden en Asia-Pacífico y están consiguiendo los mayores índices de desarrollo Corea del Sur: 8.5; Malasia: 8.3; Tailandia: 7.9; Taiwán: 7.4; China: 7.3; Singapur: 7.1; Hong Kong: 4.3. (En España apenas se alcanzó el 1 por ciento en 1992.)

EL CAOS AFRICANO
Un continente a la deriva, amorazado por la deuda externa. De los 45 países al sur del Sahara con unos 550 millones de habitantes; 18 se encuentran al borde del hambre con menos de 2.200 calorías al día, 14 apenas rebasan el límite de la pobreza, 18 se enfrentan a problemas internos o conflictos étnicos. Persisten algunas férreas dictaduras, como en Zaire, Togo y Malaui.

1. ¿En qué están basadas las desigualdades en Suramérica?

   _____

   _____

2. ¿Qué manipula la oligarquía en Guatemala?

   _____

   _____

3. ¿Tiene Chile mucha población nativa?

   _____

   _____

4. ¿Qué peculiaridad tiene Cuba?

   _____

   _____

5. ¿Por qué se dice que Brasil es el gigante del área?

   _____

   _____

6. ¿Qué añade conflictividad en Colombia?

   _____

   _____

7. ¿Por qué crees que se considera a Suramérica la gran cola del cangrejo mundial?

   _____

   _____

   _____

8. ¿Qué conflictos económicos y políticos conoces en Suramérica?

   _____

   _____

   _____

   _____

21 Preguntas personales

Conteste las siguientes preguntas.

1. ¿Te interesa la economía? ¿Qué temas de la economía mundial te interesan?

    _____

    _____

2. ¿Qué temas de la economía local te interesan: la bolsa, los bancos, los intereses, los préstamos… ?

    _____

    _____

3. En tu opinión, ¿es importante tener conocimientos de economía?

    _____

    _____

4. En tu caso, ¿ahorras mucho dinero al año? ¿En qué inviertes tus ahorros?

    _____

    _____

5. ¿Has solicitado alguna vez un crédito? ¿Para qué?

    _____

    _____

6. ¿Cuál crees que es la mejor forma de ganar dinero?

    _____

    _____

7. ¿Crees que el dinero es importante y necesario para ser feliz? ¿Por qué?

    _____

    _____

Capítulo 6

1 Las partes del cuerpo

Junto a cada número en el dibujo de este muchacho y en el dibujo de la muchacha en la página siguiente, escribe la palabra apropiada del vocabulario.

(1) _____

(2) _____

(3) _____

(4) _____

(5) _____

(6) _____

(7) _____

(8) _____

(9) _____

(10) _____

(11) _____

(8) _____

(9) _____

(10) _____

(11) _____

(12) _____

(1) _____

(2) _____

(3) _____

(4) _____

(5) _____

(6) _____

(7) _____

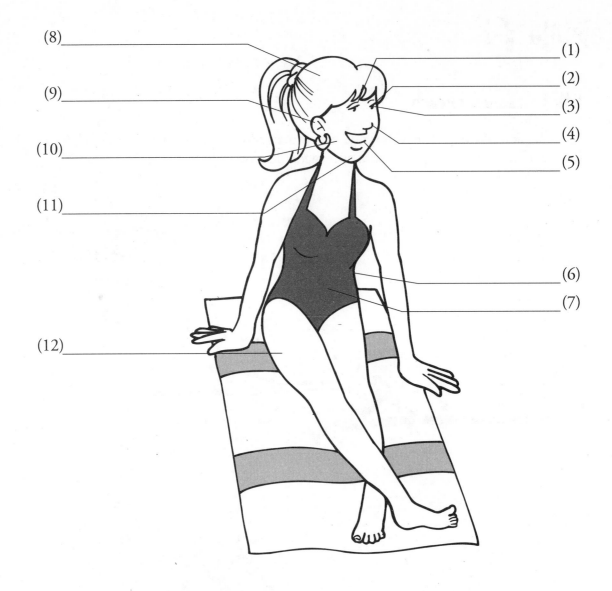

1. _____

2. _____

3. _____

4. _____

5. _____

6. _____

7. _____

8. _____

9. _____

10. _____

11. _____

12. _____

2 Los pacientes

Describa con sus propias palabras lo que ocurre en cada escena.

1. _____

   _____

2. _____

   _____

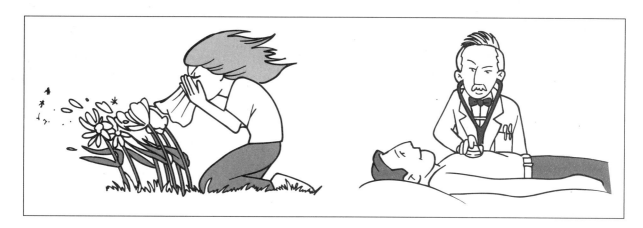

3. _____

   _____

4. _____

   _____

3 Un amigo nuestro tiene muchos problemas

Mariana y Javier acaban de ver este anuncio en el periódico y hacen algunos comentarios. Lea el diálogo y complete las oraciones con la forma apropiada del verbo indicado.

MARIANA: ¿Crees que nuestro amigo Rafa

(*1. tener*) _____ un problema

de drogas?

JAVIER: ¡Ya lo creo! Pero lo que más me preocupa es

que él no (*2. querer*) _____ oír

nuestros consejos.

MARIANA: Dudo que sus padres lo

(*3. saber*) _____.

JAVIER: Es urgente que nosotros

(*4. llamar*) _____ a este

número.

MARIANA: Te suplico que tú

(*5. hacer*) _____ la llamada.

JAVIER: ¡Bien! Me alegra que tú y yo

(*6. estar*) _____ de acuerdo en

este asunto que tanto nos preocupa a los dos.

MARIANA: Más vale que nosotros

(*7. pedir*) _____ información

clara y que (*8. tratar*) _____ de

ayudar a Rafa inmediatamente.

JAVIER: De acuerdo.

TE ECHAMOS UN CABLE

Si tú o algún familiar o amigo tuyo tienen
algún problema de drogas y desean recibir
información clara y real, llámanos. No te
costará nada.

TE ECHAMOS UN CABLE
Llámanos de 9 de la mañana a 9 de la tarde.

FUNDACIÓN
CONTRA
LA DROGADICCION

900-16 15 15

4 Ayuda

Si su amigo/a tiene un problema de drogas, dígale por escrito lo que piense. Complete las siguientes oraciones.

1. Me molesta que _____

   _____ .

2. Es importante que _____

   _____ .

3. Te recomiendo que _____

   _____ .

4. No creo que _____

   _____ .

5. Espero que tú _____

   _____ .

5 ¡Doctor, toso a toda hora!

El señor Óscar González fuma desde hace muchos años. Su salud siempre ha sido muy buena. Pero últimamente no se encuentra muy bien. Ha decidido escribirle a su amigo, el doctor Raúl Varona, para pedirle consejo. Complete con el verbo en indicativo o subjuntivo lo que Óscar González le dice al doctor.

Raúl:

Tú ya sabes que yo *(1. fumar)* _____ más de diez cigarrillos al día. Tú

sabes que yo *(2. fumar)* _____ lo mismo ahora que hace quince años. Y

por eso no creo que mi mala salud en estos momentos *(3.ser)* _____ una

consecuencia del tabaco. ¿Qué crees tú?

  Cuando me levanto por las mañanas, yo *(4. toser)* _____ sin

parar durante una hora. ¿Es posible que yo *(5. toser)* _____ porque por

las mañanas siempre hace más frío? Mi segundo síntoma: cuando subo las escaleras

de mi casa, *(6. cansarme)* _____ muchísimo. ¿Es posible que yo

(7. cansarme) _____ simplemente porque ya soy viejo? En tercer lugar,

últimamente no *(8. tener)* _____ mucho apetito. Mi esposa quiere

que yo *(9. comer)* _____ a toda hora y a ella le molesta que yo no

(10. tener) _____ apetito. ¿Crees que yo no *(11. tener)* _____

apetito porque fumo demasiado?

  Me preocupa que mis pulmones no *(12. estar)* _____ en buenas

condiciones. Ya sé que yo no *(13. ser)* _____ una persona atlética y

saludable. Pero me gustaría cambiar. Te pido que *(14. darme)* _____

algunos consejos para mejorar mi salud.

6 ¡Te aconsejo que dejes de fumar!

Imagine que es el doctor Raúl Varona y que tiene que darle algunos consejos a su amigo Óscar. Complete las siguientes recomendaciones con la forma adecuada del verbo entre paréntesis.

1. Óscar, en primer lugar, te aconsejo que tú *(dejar)* _____ de fumar.

2. Es importante que *(tomar)* _____ infusiones de algunas hierbas medicinales.

3. Recuerda que *(deber)* _____ cuidar tu dieta.

4. Te recomiendo que tú *(comer)* _____ frutas, verduras y ensaladas.

5. También creo que es importante que tú *(hacer)* _____ ejercicio ligero todos los días.

6. Es preferible que también, por un tiempo, *(no salir)* _____ por las noches si hace mucho frío.

7. Opino que tu problema no *(ser)* _____ muy grave y pronto pasará si tú *(seguir)* _____ mis consejos.

7 ¿Qué debo hacer?

El profesor Ibarra, uno de los consejeros estudiantiles, le da consejos a un estudiante que acaba de ingresar en la Facultad de Medicina. Conteste la pregunta de dos maneras, según el modelo.

MODELO —¿Tomo el curso de anatomía? (Sí,… este semestre.)
　　　　　—<u>Sí, tome el curso de anatomía este semestre.</u>
　　　　　—<u>Sí, tómelo.</u>

1. —¿Solicito ayuda financiera?

   —Sí, _____ para este año.

   —Sí, _____.

2. —¿Busco trabajo como auxiliar *(assistant)* de medicina?

    —No, no _____ todavía.

    —No, no _____.

3. —¿Compro los libros?

    —Sí, _____ de inmediato.

    —Sí, _____.

4. —¿Pongo mi nacionalidad en este formulario?

    —Sí, _____ aquí.

    —Sí, _____.

5. —¿Le entrego a Ud. el formulario?

    —Sí, _____ por favor.

    —Sí, _____.

6. —¿Le doy esta nota a la profesora?

    —No, no _____ a ella, _____ a mí.

    —No, no _____.

8 Historias en el hospital. ¡Primera parte!

Los enfermeros tienen siempre mucha paciencia. El enfermero Josu acaba de recibir una llamada urgente del paciente de la habitación 315. Por tanto, va corriendo a la habitación y encuentra al paciente con un ataque de histeria. Escriba las órdenes que el paciente le da al enfermero.

MODELO ¡Enfermero, mire a este animal feo y amenazador! ¡Es una hormiga! *(ant)*

1. _____

2. _____

3. _____

4. _____

9 Historias en el hospital. ¡Segunda parte!

En otra planta del hospital, la señora Fernández discute con su doctor porque su última dieta para adelgazar no le funcionó. El doctor cree que la señora Fernández no siguió la dieta estrictamente. Escriba las órdenes que el doctor le da a la señora Fernández para adelgazar.

> **MODELO**   dejar de comer tantas golosinas
> <u>Deje de comer tantas golosinas.</u>

1. controlar su peso

   _____

2. no preparar alimentos ricos en grasas

   _____

3. dormir bien

   _____

4. no dejar de hacer ejercicio todos los días

   _____

5. ser más activa

   _____

6. conocer a gente deportiva que la pueda inspirar

   _____

7. no quedarse en un sillón mirando la televisión por horas

   _____

8. comprar una bicicleta estacionaria y hacer ejercicio

   _____

9. no pedir el menú del día ni postre en los restaurantes

   _____

10. saber que sólo de Ud. depende estar en forma

    _____

10 Nunca lo hace bien

Juan nunca sabe qué hacer en la oficina de su médico. Forme mandatos familiares (tú) afirmativos y negativos según el modelo.

MODELO   —Juan: ¿Me siento en el sofá? (la silla)
—El médico: <u>No te sientes en el sofá. Siéntate en la silla.</u>

1. ¿Hablo con la recepcionista? (el enfermero)

_____

2. ¿Le cuento un chiste? (los síntomas)

_____

3. ¿Me quito los zapatos? (la camisa)

_____

4. ¿Abro los ojos? (la boca)

_____

5. ¿Estornudo? (Toser)

_____

6. ¿Me pongo boca abajo? (boca arriba)

_____

7. ¿Voy al hospital? (a casa)

_____

8. ¿Llevo la receta al supermercado? (la farmacia)

_____

9. ¿Tomo las pastillas tres veces al día? (dos veces)

_____

10. ¿Hago una cita para mañana? (el lunes)

_____

11 ¿Cómo salir bien en la clase de español?

Su amigo tomó su clase de español el año pasado y le ofrece una serie de recomendaciones de cómo tener éxito en la clase. Forme mandatos familiares de los verbos entre paréntesis.

(1. Llegar) _____ a clase temprano. Nunca

(2. llegar) _____ tarde. No *(3. sentarse)* _____

en la última fila *(row)*. *(4. Sentarse)* _____ en la primera.

(5. Sacar) _____ tus libros en seguida y *(6. empezar)* _____

a repasar la tarea. Siempre *(7. hablar)* _____ mucho en clase. Nunca

(8. mascar) _____ chicle. *(9. Decirle)* _____ a la

profesora que te encanta la clase. No *(10. salir)* _____ de clase sin

despedirte de la profesora *(11. Ir)* _____ al laboratorio de idiomas

con frecuencia. *(12. Hacer)* _____ la tarea antes de ir a clase. No

(13. hacerla) _____ en clase. Si no entiendes algo, *(14. llamar)* _____

a la profesora o *(15. escribirle)* _____ un email. *(16. Mostrar)* _____

interés en la cultura hispana, y *(17. pedirle)* _____ información sobre los

programas de intercambio en Latinoamérica. Yo pasé un año en Chile y fue una experiencia

inolvidable. Y, si necesitas ayuda, *(18. venir)* _____ a mi cuarto y te ayudaré.

12 Enséñeles a comer bien

Ahora concéntrese en la salud de sus familiares. Lea con atención el siguiente aviso y prepare una lista de cinco sugerencias para una persona muy querida.

MODELO   <u>Respeta todas las comidas y sigue un horario regular. No te saltes las comidas.</u>

ESTO TE AYUDA		ESTO NO
Respetar todas las comidas, y seguir un horario regular.	**1**	Saltarte las comidas (tendrás más hambre y acabarás comiendo más).
Beber agua.	**2**	El alcohol
Comer despacio y masticando bien.	**3**	La ansiedad
Respirar y relajarte antes de empezar a comer.	**4**	Los nervios, el estrés
El deporte. El ejercicio.	**5**	Las confortables sillas de oficina
La continuidad, los sistemas progresivos.	**6**	La impaciencia, los métodos drásticos
Controlar lo que comes en situaciones de compromiso (ya sabes: ni pan, ni fritos...)	**7**	Los menús hipercalóricos
Hacer vida normal.	**8**	Cambiar tu vida a causa de tu dieta

1. _____

   _____

2. _____

   _____

3. _____

   _____

4. _____

   _____

5. _____

   _____

6. _____

   _____

7. _____

   _____

13 En el hospital

Hoy operan a Eduardo de la pierna porque se la fracturó jugando al fútbol. Eduardo está muy nervioso. En el quirófano sólo le han dado anestesia local y por eso escucha con mucha atención todas las preguntas que los enfermeros y enfermeras le hacen al médico. Escriba las respuestas del doctor a esas preguntas, usando el imperativo de **nosotros** y usando los pronombres apropiados.

MODELO   —¿Vamos a ponerle anestesia local a la pierna de Eduardo?
—<u>Sí, pongámosela sólo a la pierna.</u>

1. ¿Nos ponemos el uniforme verde de operar y los guantes esterilizados?

   _____

2. Doctor, ¿vamos a hacerle un análisis de sangre antes de abrirle la pierna?

   _____

3. ¿Vamos a utilizar el bisturí pequeño?

   _____

4. Doctor, ¿vamos a tomarle una radiografía al hueso de la pierna?

   _____

5. Doctor, el paciente está pidiendo que le enseñemos el trozo de hueso que le hemos sacado. ¿Se lo enseñamos?

   _____

6. El paciente se ha dormido. ¿Lo despertamos o no?
   No, _____

7. Doctor, la operación ha terminado. ¿Cerramos ya la herida?

   _____

8. ¡Enhorabuena, doctor! La operación ha sido un éxito. ¿Vamos a celebrarlo ahora?

   _____

14 Para ser un buen médico

Hoy el doctor Javier Santillana, director de la Facultad de Medicina de la Pontificia Universidad Católica de Chile, da la bienvenida a los nuevos estudiantes que desean ser médicos en un futuro. Complete el discurso del doctor Santillana con la palabra adecuada.

Bienvenidos a esta Facultad de Medicina. Hoy es su primer día en la universidad. Hace cuatro meses, Uds. nos enviaron su *(1. solicitud / aplicación)* _____ para estudiar en esta Facultad. Nosotros revisamos cuidadosamente todas las *(2. solicitudes / aplicaciones)* _____ y enviamos las cartas de aceptación a los 150 muchachos con mejores expedientes académicos. Después de un duro proceso de selección de entre miles y miles de estudiantes, Uds. son esos 150 estudiantes. Todos Uds. han *(3. realizado / se han dado cuenta de)* _____ su sueño de ser aceptados e ingresar en esta universidad.

Ser doctor(a) es un sueño para Uds. Y yo voy a intentar durante todo este año que Uds. *(4. realicen / se den cuenta de)* _____ la responsabilidad e importancia que los doctores tienen en la sociedad.

Muchos de Uds. están pensando que los buenos doctores ganan mucho dinero. Es cierto. Ahora Uds. piensan que, con esfuerzo y dedicación, no está muy lejos el día en que se conviertan en médicos famosos y puedan *(5. jubilarse / retirar)* _____ jóvenes y con mucho dinero para *(6.soportar / mantener)* _____ a sus familias por el resto de sus días. Sin embargo, cuando Uds. sean famosos y tengan mucho dinero, es probable que no deseen abandonar su carrera profesional. Es probable que Uds. amen muchísimo el trabajo en el hospital y es posible que decidan seguir trabajando.

Ese día está lejos. Hablemos de las cosas que tienen que hacer durante esta primera semana como estudiantes de medicina. Voy a darles algunos consejos que les pueden *(7. sostener / ayudar)* _____:

- En primer lugar, si despuís de una semana aquí todavía quieren estar en esta universidad, Uds. deben *(8. registrarse / matricularse)* _____ oficialmente y pagar las tasas.

- Antes de entrar en cualquier laboratorio o quirófano, es necesario que Uds. *(9. realicen / registren)* _____ sus bolsas para comprobar que tienen todo lo necesario: guantes esterilizados, máscara, bata, etc.

- Mientras trabajan en los laboratorios, es preciso que *(10. se den cuenta de / realicen)* _____ que un día una vida humana dependerá de su habilidad para operar.

- Durante cualquier operación, traten de *(11. ayudar / asistir)* _____ al médico responsable en todo lo posible.

- Si durante una operación Uds. sienten que se van a desmayar, es mejor que avisen al doctor y se *(12. retiren / muevan)* _____ de la mesa de operaciones para dejar sitio al enfermero sustituto. Desmayarse por ver sangre no es muy grave. Todos nos hemos desmayado alguna vez. Por eso, si les ocurre, no se sientan *(13. avergonzados / embarazados)* _____.

- Si en alguna ocasión uno de los enfermos no se porta como debe, háganselo saber al doctor o a la doctora responsables. No hay que *(14. sostener / soportar)* _____ la impertinencia de ninguna persona.

  No tengo nada más que decir. Muchas gracias por su atención y mucha suerte.

La primera clase de anatomía empieza hoy a las tres de la tarde. No se olviden de *(15. asistir / registrar)* _____.

15 En buena forma

Lea el siguiente artículo y conteste las preguntas.

EL PERIÓDICO DE ¡Aventura!

Sección Cultural   Ejemplar Gratuito

dígale adiós a la **panza**

No queda más que hacer ejercicio, alimentarse saludablemente y mantener una buena postura.

por **Carolina Méndez**

¡Qué molesta es esa pancita que muchas veces crece y crece! Ella no discrimina a mujeres delgadas ni gruesas, aunque estas últimas son más propensas a tenerla. El exceso de panza no sólo es estéticamente desagradable, sino que también puede contribuir al dolor de espalda.

Esa pancita es el producto principalmente de grasa que se va acumulando con el paso del tiempo, falta de ejercicio físico, malas posturas y una alimentación inadecuada. Además, no olvide que si no se hacen ejercicios para los músculos abdominales, se ponen fláccidos.

Un aspecto que se debe tener en cuenta es que las mujeres, por estructura anatómica y fisiológica, tienden a acumular grasa en el abdomen bajo y en las caderas, explica la fisioterapeuta Rebeca Ávila. Además, ellas tienen más tejido adiposo contrario a los hombres, que poseen más músculo.

Si ya usted tiene esa incómoda pancita o desea evitarla, ¿qué puede hacer? Estos consejos, proporcionados por la fisioterapeuta consultada, se adaptan tanto para los hombres como para las mujeres en general. Tome nota:

Mantenga una dieta adecuada, principalmente baja en grasa.

Para un mejor resultado, combine ejercicio aeróbico con anaeróbico; por ejemplo, haga los ejercicios para los abdominales que se incluyen, por lo general, al final de las clases de aeróbicos en el gimnasio.

No descuide su postura en ningún momento, como cuando camine, al estar sentado, etc. El abdomen debe estar siempre contraído o, como se le llama comúnmente, "adentro".

Haga ejercicios para los abdominales, pero bien hechos, unas tres veces por semana en series de cinco con 15 repeticiones. El número lo puede ir aumentando con el paso del tiempo. Cuando haga ejercicios para los abdominales debe poner el abdomen como un "acordeón". Si le duele el cuello mientras los hace es porque está poniendo toda la tensión en él, lo cual no está bien. Además, la barbilla debe estar hacia arriba.

Para no aburrirse, utilice diferentes opciones para hacer sus ejercicios para los abdominales, como *steps*, bolas de flexibilidad, ligas, la banca inclinada, etc. También puede hacerlos sin ayuda de accesorios, como es el caso de los ejercicios para los abdominales que se hacen de pie, o los tradicionales que se hacen en el piso.

La fisioterapeuta insiste en que no es conveniente utilizar fajas y bolsas de plástico para sudar, ya que esto lo único que hace es deshidratar, y no quemar grasa, como se cree erróneamente. Estas prácticas no son buenas para la piel porque no le permiten respirar al obstruir los poros.

Fuera de los ejercicios para los abdominales, son de gran utilidad los ejercicios como correr, caminar y saltar a la cuerda.

Ante todo, mantenga una muy buena postura.

1. ¿Qué factores producen la panza?

   _____

   _____

   _____

2. Si te duele el cuello mientras haces ejercicios para el abdomen, ¿qué es lo que estás haciendo mal?

   _____

   _____

   _____

3. ¿Qué recomienda la autora contra el aburrimiento?

   _____

   _____

   _____

4. ¿Por qué no es bueno usar fajas y bolsas de plástico para eliminar la panza?

   _____

   _____

   _____

16 Opinión

Algunas personas dicen que el alcohol y el tabaco son drogas. Otras personas los identifican como productos distintos. ¿Qué piensa Ud.? ¿Cree que el alcohol y el tabaco son drogas o no? ¿Por qué?

_____

_____

_____

_____

17 Preguntas personales

Conteste las siguientes preguntas.

1. ¿Cuál crees que es la relación entre la nutrición y la salud?

   _____

   _____

2. ¿Qué alimentos te gusta comer y por qué?

  _____

  _____

3. ¿Crees que una dieta alta en grasas puede afectar a la salud? ¿Por qué?

  _____

  _____

4. ¿Qué haces generalmente cuando tienes un resfrío?

  _____

  _____

5. ¿Cuándo fue la última vez que estuviste enfermo(a)? ¿Qué tenías?

  _____

  _____

6. ¿Qué le pides o le ruegas a tu novio(a) cuando estás enfermo(a)?

  _____

  _____

7. ¿Piensas que la juventud debe tener más información sobre el SIDA *(AIDS)*? ¿Por qué?

  _____

  _____

8. ¿Por qué es necesario hacer ejercicios físicos?

  _____

  _____

9. ¿Qué haces cuando la persona que está a tu lado fuma como una chimenea?

  _____

  _____

10. Escribe un párrafo contando un accidente de coche, de tren o de avión que te haya impresionado mucho.

  _____

  _____

  _____

  _____

  _____

Capítulo 7

1 Estampa de una ciudad con tráfico

Observe el siguiente dibujo y, usando el vocabulario que ya conoce, identifique y señale 10 objetos propios de la ciudad. Escriba una oración original para cada palabra.

MODELO edificio: Hay muchos edificios altos en la ciudad.

_____

_____

_____

_____

_____

_____

_____

_____

_____

2 ¿Por dónde comenzamos?

Ud. y su pareja están preparándose para vivir juntos y han decidido comprar todo lo necesario en un solo almacén. Uds. ya tienen la lista de compras y sólo hay que ordenarla para no estar recorriendo varias veces los diferentes departamentos. Ordenen su lista de compras de acuerdo con los departamentos.

A					
6	CAFETERÍAS. JUVENTUD. COMPLEMENTOS. TIENDA VAQUERA.				
5	IMAGEN Y SONIDO.				
4	DEPORTES. ZAPATERIAS.				
3	NIÑOS. NIÑAS. BEBES. JUGUETERIA.				
2	CABALLEROS. VIAJE. AGENCIA DE VIAJES. REGALOS. PELUQUERIA. DPTO. DE CUENTAS.		MENAJE DE HOGAR	2	MENAJE DE HOGAR SALIDA.
1	SEÑORAS. PELUQUERÍA.	1	MUEBLES.	1	HOGAR TEXTIL.
B	COMPLEMENTOS.	B	MUEBLES. LAMPARAS. CUADROS.	B	SUPERMERCADO CERVECERÍA.
S1	JUVENTUD.	P.1	APARCAMIENTO.	P.1	APARCAMIENTO.
		P.2	APARCAMIENTO.	P.2	APARCAMIENTO.
S2	OPORTUNIDADES.	P.3	APARCAMIENTO.	P.3	APARCAMIENTO.
P.1	APARCAMIENTO.	P.4	APARCAMIENTO.		
P.2	APARCAMIENTO.				
P.3	APARCAMIENTO.				

PLAZA CENTRAL

EDIFICIO A CONFECCIÓN Y COMPLEMENTOS

EDIFICIO B MUEBLE Y DECORACIÓN

EDIFICIO C HOGAR-SUPERMERCADO

Lista de compras

una colcha	una falda lisa	un televisor
dos juegos de sábanas	un traje de hombre	una raqueta de tenis
dos almohadas	zapatos de tacón	un reloj pequeño
una blusa de manga corta	pantalones vaqueros	una licuadora
pañuelos de hombre	una cartera	una cafetera
una docena de calcetines	un cinturón de cuero	una tostadora
sandalias	una lámpara	tres ollas y un sartén
una americana	una alfombra	una escoba

1. *Planta baja.* Accesorios (complementos): _____

_____

2. *Primer piso.* Señoras (ropa de mujer): _____

_____

3. *Segundo piso.* Caballeros (ropa de hombre): _____

_____

4. *Sexto piso.* Ropa vaquera: _____

_____

5. *Cuarto piso.* Deportes, zapatos: _____

_____

6. *Quinto piso.* Imagen y sonido: _____

_____

7. *Sexto piso.* Muebles, cuadros: _____

_____

8. *Plaza Central.* Menaje de hogar: _____

_____

_____

3 Lo que queremos

Mi amiga y yo buscamos un nuevo apartamento en la ciudad. Complete el espacio con la forma correcta del verbo entre paréntesis en el presente del indicativo o del subjuntivo, según el contexto.

1. Tenemos un apartamento que *(tener)* _____ un dormitorio pero queremos un

   apartamento que *(tener)* _____ dos dormitorios.

2. Nuestra cocina *(ser)* _____ muy pequeña. Necesitamos una cocina que

   (ser) _____ grande.

3. Nuestro apartamento *(costar)* _____ más de mil dólares al mes. Queremos

   alquilar un apartamento que *(costar)* _____ menos de mil dólares.

4. Queremos vivir en un edificio donde *(haber)* _____ un portero. En nuestro

   edificio no *(haber)* _____ un portero.

5. También buscamos un apartamento que *(ser)* _____ lujoso, que

   (tener) _____ una piscina, que *(estar)* _____ cerca del centro y que

   (ofrecer) _____ estacionamiento gratis para dos coches. ¿Hay un lugar que

   (tener) _____ todo esto?

4 ¡Ahora le toca a Ud.!

Complete las siguientes oraciones. Primero elija el adjetivo más apropiado. Después sustituya el adjetivo por una cláusula adjetival, con el verbo en indicativo o subjuntivo.

1. Yo tengo un coche (o bicicleta) _____ (*¿viejo? ¿nuevo?*)

   _____

2. Yo tengo un coche que _____ (*tener … años*)

   _____

3. Yo tengo un coche (o bicicleta) _____ (*¿lento? ¿rápido? ¿muy rápido?*)

   _____

4. Yo tengo un coche que _____ (*correr a 120 millas por hora*)

   _____

5. Sin embargo, si algún día soy famoso y millonario, yo voy a tener un coche

   _____ (*¿carísimo? ¿baratísimo?*)

   _____

6. Yo voy a tener un coche que _____ (*costar … miles de dólares*)

   _____

7. Yo estudio español con un libro _____ (*¿interesante? ¿aburrido? ¿difícil?*)

   _____

8. Yo estudio español con un libro que _____ (*…*).

   _____

9. Yo quiero encontrar un libro _____ (*…*).

   _____

10. Yo quiero encontrar un libro que _____ (*…*).

    _____

11. Pero no existen libros de español _____ (*…*).

    _____

12. No existen libros de español que _____ (...).

_____

5 ¡El lugar ideal!

Las ciudades están llenas de cafés donde los amigos se reúnen, charlan y lo pasan bien. Describa su lugar favorito en su ciudad.

MODELO ¿Hay mucha gente? ¿Hay poca gente?
<u>Mi lugar favorito es un café donde hay siempre mucha gente.</u>
¿Cierra temprano por la noche o no cierra hasta las dos de la mañana?
<u>Mi lugar favorito es un café que no cierra hasta las dos de la mañana.</u>

1. ¿La música está siempre muy alta? ¿Está siempre muy baja?

_____

_____

2. ¿Ponen música jazz? ¿música rock? ¿música country?...

_____

_____

3. ¿Está de moda, o está siempre vacío porque no va nadie?

_____

_____

4. ¿Hay muchas parejas o hay muchos grupos grandes de amigos?

_____

_____

5. ¿Los cafés son buenos o no son tan buenos?

_____

_____

6. ¿Tienen suficientes mesas y sillas para sentarse, o nunca hay mesas libres?

_____

_____

7. ¿Está en el centro de la ciudad? ¿Está cerca de la universidad? ¿Dónde está?

_____

_____

8. ¿Los camareros son simpáticos, o no son simpáticos? ¿Cómo son?

_____

_____

6 Su propio café

Imagine que Ud. y sus amigos están planeando abrir un nuevo café en la ciudad. Utilizando las preguntas anteriores y otras preguntas, describa el café ideal que Uds. planean montar.

MODELO   Queremos montar un café donde haya siempre mucha gente.

_____

_____

_____

_____

_____

_____

_____

_____

_____

_____

_____

_____

_____

_____

_____

_____

_____

_____

_____

_____

_____

_____

_____

_____

7 Ofertas y demandas

Las páginas de los periódicos están siempre llenas de anuncios de trabajo. Repase las columnas de Ofertas (12) y Demandas (13) en las que se busca y ofrece trabajo. De acuerdo con ellas, empareje columna A y B, completando columna B con la forma correcta del verbo entre paréntesis.

COLOCACIONES

12 Ofertas

ATENCIÓN: Maestros, licenciados, estudiantes. La Academia GUVI les ofrece unos cursos de biblioteconomía, bien básicos para el inicio, ó bien especializados, dirigidos a profesionales que trabajan en bibliotecas o centros similares. Información: C/Garibay, 4-2. izda. San Sebastián. ☎ 421967-275092.
IGELTSERO ofiziala behar dugu. ☎ 373491 Josu.
INTERESA conductor para trailer. ☎ 276837.
INVERSIONISTA. Ofrecemos 15% interés anual garantizado. Razón. 130033.

NECESITAMOS señoritas con buena presencia para elegantes country Clubs de Asturias. 5.000 diarias más comisión. Pagamos viaje. ☎ 985/346471, 358162.
NECESITO persona para limpieza y mantenimiento de caballos. ☎ 644756.
OCASION para transportista que posea vehículo-furgoneta con tarjeta de transporte de Servicio Público, más antigua que matrícula SS. 9400-0. Se vende. Camioneta Ebro F350. Impecable, solo 40.000 Km. siempre en garaje. Interesado, llamar ☎ 525941.
SE NECESITA señora para cocina. Avda. de Madrid, n. * 30. restaurante Sacha. ☎ 451547.
SE NECESITA mujer con experiencia en cultivar plantas. Ref. 40070 de éste periódico.

13 Demandas

BUSCO trabajo tardes. Conocimientos soldadura autógena y eléctrica, carnet de conducir. ☎ 400054.
CHICA con mucha experiencia, informes, cuidaría ancianos o niños deficientes, beatriz. 216807.
CHICA responsable. Busca un trabajo por las mañanas. ☎ 362901.
ESTILISTA diplomada en E.S.H.O.D. Paris. Se ofrece modelos nuevos. Experiencia de trabajo. Interesados llamar de 9 a 10 h. o a partir de las 20 h. Preguntar por Ana. ☎ 133390.
SE OFRECE chico para cualquier trabajo, de 17 años y exento de servicio militar. ☎ 593534.

A

1. _____ Se necesita una **persona**…

2. _____ Hay un **chico** de 17 años…

3. _____ Una **chica** responsable busca trabajo…

4. _____ Se necesita una **mujer**…

5. _____ En la columna de Ofertas, no hay nadie…

6. _____ Los country clubes de Asturias buscan **señoritas**…

7. _____ El restaurante Sacha busca una **señora**…

8. _____ Beatriz es una **chica** con mucha experiencia…

9. _____ Hay una ocasión para un **transportista**…

10. _____ Hay una **estilista** (de peinados) titulada en Paris…

B

A. que _____ (tener) experiencia de trabajo y ofrece nuevos modelos de peinados.

B. y _____ (poder) trabajar con ancianos y niños deficientes.

C. que _____ (ofrecer) sus servicios para cualquier trabajo.

D. que _____ (tener) buena presencia.

E. que _____ (ser) propietario de vehículo con licencia de transporte.

F. que _____ (cultivar) plantas.

G. que _____ (querer) trabajar en la cocina.

H. que _____ (ser) por las mañanas.

I. que _____ (ofrecer) sus servicios como vendedor.

J. que _____ (conocer) de mantenimiento de caballos.

8 ¡Y ahora le toca hablar de su trabajo!

Complete las siguientes oraciones. Si no trabaja por el momento, escriba sobre sus estudios y sus profesores.

1. El trabajo que tengo ahora _____

    _____

2. Después de graduarme, buscaré un trabajo que _____

    _____

3. Soy una persona que _____

    _____

4. Mi jefe (profesor[a]) piensa que _____

    _____

5. No conozco a ningún jefe (profesor[a]) que _____

    _____

9 En las grandes ciudades

Complete las oraciones y marque si las afirmaciones son ciertas o falsas, según su opinión.

Cierto   Falso

_____ _____   1. En las grandes ciudades un(a) ciudadano/a no se preocupa por la

   violencia, a menos que él mismo o ella misma _____*(ser)*

   la víctima.

_____ _____   2. En una gran ciudad, cuando una persona _____ *(gritar)*

   ¡Socorrrooooooooo!, nadie _____ *(ir)* en su ayuda.

_____ _____   3. Mientras que _____ *(haber)* pobreza en la sociedad, habrá

   crímenes.

_____ _____   4. Siempre habrá delincuencia aunque _____ *(existir)* trabajo

   para todos.

_____ _____   5. La policía _____ *(circular)* por las calles para que la gente

   _____ *(poder)* caminar tranquilamente por ellas.

_____ _____ 6. Una persona no va a sufrir un atraco a menos que

_____ (llevar) mucho dinero en la bolsa.

_____ _____ 7. Siempre que las cárceles no _____ (ser) lo

suficientemente grandes, se permitirá que los delincuentes

_____ (caminar) por las calles.

_____ _____ 8. Una mujer es más vulnerable que un hombre, a no ser que ella

_____ (practicar) karate.

_____ _____ 9. Un(a) ciudadano/a puede ser víctima de la violencia aun cuando

_____ (saber) defenderse.

_____ _____ 10. Si la víctima no comunica el atraco tan pronto como

_____ (ocurrir), puede desanimarse y no hacerlo después.

10 Abono de Transportes

Hacía mucho tiempo que Ud. viajaba en autobús y metro pero no sabía que se podía ahorrar dinero al comprar un Abono de Transportes, hasta que habló con su amiga Elena María. Ella le explicó las ventajas y desventajas del Abono y la manera de obtener uno. Complete las oraciones con el verbo en el indicativo, el subjuntivo o el infinitivo.

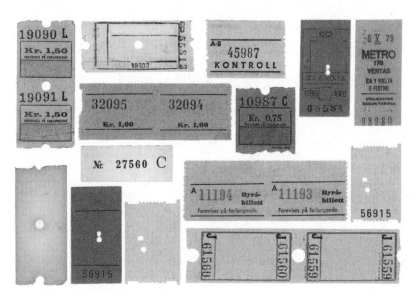

1. ¡Es ridículo que tú *(pagar)* _____ cada vez que subes a un autobús!

2. Debes comprarte un Abono de Transportes para no *(gastar)* _____ tanto dinero al mes. El ayuntamiento subvenciona esos Abonos para que los estudiantes no *(gastar)* _____ tanto dinero.

3. El año pasado yo no tenía Abono y gastaba mucho dinero. Para ir a la universidad todas las mañanas *(tomar)* _____ el autobús y pagaba dos pesos.

4. Ahora también utilizo el transporte público todos los días. Y cuando *(subirme)* _____ al autobús por la mañana, no pago con dinero, sino que utilizo el Abono.

5. Cuando tú *(empezar)* _____ tus clases en la Escuela de Arte, tendrás que tomar el autobús cuatro veces al día. Y cuando tú *(querer)* _____ salir los fines de semana por la noche, tendrás que tomarlo seis veces al día. ¡Es mucho dinero!

6. Te recomiendo que *(comprar)* _____ el Abono pronto para que *(poder)* _____ ahorrar dinero en el transporte diario.

7. ¿Qué es lo bueno del Abono? Sólo hay que pagar una vez al mes aunque tú *(hacer)* _____ varios viajes diarios.

8. ¿Qué es lo malo del Abono? Lo único malo es que no te devuelven el dinero en caso de que tú *(perder)* _____ el carné.

9. Entonces, es mejor que tú lo *(solicitar)* _____ ahora mismo y que lo *(guardar)* _____ muy bien. Tienes que guardarlo muy bien para *(no perder)* _____ el carné.

10. Voy a explicarte lo que hay que hacer para que tú *(poder)* _____ solicitar tu Abono cuanto antes.

11. Primero, es necesario que tú *(pedir)* _____ una solicitud de Abono de Transportes en uno de los kioskos de la ciudad o por correo.

12. Cuando tú *(ir)* _____ a solicitar el Abono, es preciso que *(llevar)* _____ tu foto.

13. A no ser que tú *(tener)* _____ más de veintitrés años, te pueden dar el Abono para jóvenes, ya que es más barato. Yo compré mi Abono cuando yo *(cumplir)* _____ veintitrés años. Pero cuando yo *(cumplir)* _____ veinticuatro el mes que viene, tendré que cambiar mi carné.

14. No importa que tú *(ser)* _____ de otro país. Siempre que *(saber)* _____ el número de tu pasaporte, tienes derecho a solicitarlo. Cuando mi amiga Graziana *(venir)* _____ de Italia el mes pasado, solicitó el Abono y se lo concedieron sin problemas.

15. Tan pronto como tú *(recibir)* _____ el Abono, puedes viajar en autobús o en metro. Creo que *(ser)* _____ una forma muy buena de ahorrar dinero en el transporte.

11 ¡Qué horror! ¡Ese policía va a ponerme una multa!

Ud. acaba de cometer una infracción al manejar. Un policía le pone una multa *(fine)*. Complete el diálogo con la forma adecuada del verbo entre paréntesis.

POLICÍA: Buenos días. ¿Sabe Ud. que *(1. estar)* _____ en una calle en dirección contraria? Tengo que ponerle una multa.

TÚ: Lo siento mucho. Pero cuando yo *(2. ver)* _____ la señal de "Prohibido", ya era muy tarde. No tuve tiempo para cambiar de dirección. Le prometo que la próxima vez, cuando yo *(3. pasar)* _____ por esta calle otra vez, no volveré a cometer la misma infracción. Ahora sé que esta calle *(4. ser)* _____ de dirección contraria.

POLICÍA: Cuando Ud. *(5. pasar)* _____ por esta calle la próxima vez, se acordará de mí. A menos que *(6. darme)* _____ una buena excusa, le voy a poner una multa de 50 pesos.

TÚ: ¿Cincuenta pesos? ¡No puede ser! ¿Quiere una excusa? Muy bien. Cuando yo *(7. ir)* _____ a trabajar esta mañana, mi jefe estaba de muy mal genio. Por tanto, el día entero en la oficina ha sido terriblemente malo. Mi jefe no ha parado de gritar. Ahora son las seis de la tarde y me duele mucho la cabeza. Por eso, no he visto la señal de "Prohibido". Pero le prometo que la próxima vez, cuando mi jefe *(8. estar)* _____ de muy mal genio, y *(9. no parar de gritar)* _____ durante todo el día y entonces a mí *(10. dolerme)* _____ mucho la cabeza, yo tomaré el autobús. No manejaré mi moto.

POLICÍA: Está bien. Antes de que Ud. *(11. marcharse)* _____ a casa, quiero que *(12. contestarme)* _____ unas preguntas. Si un sábado por la noche Ud. se toma dos cervezas, Ud. no maneja a menos que…

TÚ: No manejo a menos que tenga que *(13. llevar)* _____ a alguien al hospital.

POLICÍA: A los dieciocho años, ¿cuándo manejaba Ud.?

TÚ: Manejaba cuando mi padre me prestaba su coche.

POLICÍA: Y la última pregunta, ¿en qué situaciones futuras no

(14. manejar) _____ Ud.?

TÚ: No manejaré cuando mi jefe esté de mal genio y yo

(15. tener) _____ mucho dolor de cabeza.

POLICÍA: ¡Al menos sus intenciones son buenas!

12 La carta

Lea la carta y observe el uso del presente del subjuntivo y del imperfecto del subjuntivo. Explique cada caso.

MODELO   FUERA el imperfecto del subjuntivo porque el verbo *buscaba* está en el imperfecto.

CARTA DE UNA LECTORA

La semana pasada yo escribí un anuncio en este periódico. Yo buscaba un hombre **que** FUERA simpático, inteligente y amoroso. Yo quería **que** él me ESCRIBIERA o me LLAMARA por teléfono, **en caso de que** él ESTUVIERA interesado en mí. Yo buscaba un hombre que DESEARA casarse conmigo y formar una familia.

    Ayer recibí una carta de un hombre muy interesante. En esa carta, él me cuenta muchas cosas. Me dice que él también vive solo y que también él buscaba una mujer **que** FUERA inteligente, soltera y cariñosa. Hoy tenemos una cita y vamos a conocernos.

    Me alegro mucho de **que** él LEYERA mi anuncio en el periódico la semana pasada. Me alegro de **que** él DECIDIERA escribirme y me alegro de **que** hoy VAYAMOS A CONOCERNOS.

    Estoy escribiendo esta carta, porque quiero **que** los lectores SEPAN algo: "Los anuncios clasificados son útiles **para que** las personas SE CONOZCAN. Yo escribí mi anuncio **para que** un hombre me ESCRIBIERA,... ¡Y funcionó!

_____

_____

_____

_____

_____

_____

_____

_____

13 Noticias del periódico

Lea con atención los siguientes acontecimientos que fueron publicados en un periódico argentino. Después, complete las oraciones con el imperfecto del subjuntivo de los verbos entre paréntesis.

1. Una persona resultó herida en un accidente de moto. La familia del motociclista temía

    que él *(morir)* _____ pero parece que se ha salvado.

Accidente de moto
Una persona resultó herida en un accidente de moto que se registró ayer en Rosario. Fuentes de la DYA informaron que el suceso tuvo lugar a las tres menos diez de la tarde, en la parte trasera del frontón Galarreta, al colisionar un ciclomotor Vespino y el Talbot Solara SS-4397-O.

2. La Policía Municipal de Buenos Aires informó al periódico de que habían detenido a

    cuatro traficantes de drogas. Nos sorprendió que los delincuentes, además de las drogas,

    (llevar) _____ armas de fuego.

Detenidos en Buenos Aires presuntos traficantes
La Policía Municipal de Buenos Aires detuvo la pasada Nochevieja en la capital argentina a cuatro personas por presunto tráfico de droga y tenencia ilícita de armas de fuego, informaron ayer fuentes de este cuerpo.

3. La Policía detuvo a dos jóvenes delincuentes antes de que ellos

   (poder) _____ gastar el medio millón de pesos que habían robado.

Detenidos por el robo de medio millón en talones

Los oficiales de Mar del Plata han detenido a dos jóvenes acusados de sustraer medio millón de pesos, mediante la falsificación de varios talones que uno de ellos había robado previamente a un transportista con el que trabajaba, informaron fuentes de este cuerpo.

4. Tres jóvenes de la Cruz Roja resultaron heridos cuando su coche colisionó

   contra una farola. Las personas que vieron el accidente pidieron que los

   jóvenes *(ser)* _____ detenidos. Los familiares pidieron que les

   (dejar) _____ verlos.

Tres jóvenes de la Cruz Roja heridos en accidente

Tres jóvenes que cumplen el servicio militar en el puesto de la Cruz Roja resultaron heridos en un accidente de circulación que se registró ayer en Zapala. El suceso tuvo lugar sobre las diez y media de la mañana, a la entrada de la citada localidad, cuando el vehículo Nissan Patrol en el que viajaban los jóvenes colisionó contra una farola.

14 En la agencia matrimonial

Pascual es nuevo en la ciudad y ha decidido ir a una agencia matrimonial. Un asesor de la agencia le ha pedido que hable de sí mismo, para poder buscarle la mujer adecuada. Complete la autobiografía sentimental de Pascual, con la forma adecuada del verbo(infinitivo, subjuntivo o indicativo).

Me llamo Pascual y soy nuevo en la ciudad. Hoy he venido a esta agencia matrimonial porque estoy buscando amigos. También deseo *(1. encontrar)* _____-_____ una novia, si es posible.

Hace diez años, en 1994, yo tenía una novia que *(2. llamarse)* _____ Mónica, que *(3. ser)* _____ muy guapa y simpática y que *(4. estudiar)* _____ a todas horas. Por eso, nunca salíamos juntos, a menos que *(5. haber)* _____ una fiesta en nuestro barrio, o al menos que nuestros amigos *(6. invitarnos)* _____ a cenar a su casa. Yo estaba harto. Un día, cuando yo *(7. llevarla)* _____ a casa, hablé con ella. Le hablé de mis sentimientos y mis preocupaciones. Yo creía que nosotros *(8. no vernos)* _____ lo suficiente. Todos nuestros amigos salían juntos a cenar cada fin de semana. Pero nosotros no. Yo pensaba que nosotros *(9. no salir)* _____ mucho por la noche. No dudaba que ella *(10. amarme)* _____. Pero yo quería *(11. pasar)* _____ más tiempo con ella y también yo quería que ella *(12. ser)* _____ más cariñosa conmigo. Su respuesta fue:

MÓNICA: Cariño, yo también quiero *(13. pasar)* _____ más tiempo contigo, pero tú sabes que yo *(14. necesitar)* _____ estudiar mucho para mis exámenes.

YO (PASCUAL):   Sólo te pido que nosotros *(15. salir)* _____ todos los fines de semana, al menos un día. Sabes que trabajo mucho. Por eso, cuando *(16. ser)* _____ sábado, me gusta salir y divertirme.

MÓNICA: Entonces, lo mejor es que nosotros *(17. romper)* _____. Para

mí es importante que tú *(18. ser)* _____ feliz y dudo que yo

(19. poder) _____ hacerte feliz.

Ese día mi novia Mónica y yo rompimos. Cuando por la noche yo

(20. volver) _____ a mi casa, yo estaba desesperado. Incluso hoy, todas las

noches, cuando *(21. pensar)* _____ en ella, me pongo un poco triste. Sin

embargo, he decidido que es hora de superarlo. He venido a esta agencia matrimonial porque

necesito que alguien *(22. ayudarme)* _____ a encontrar novia. Busco una

chica que *(23. ser)* _____ comprensiva, que *(24. tener)* _____

menos de veintiocho años y que *(25. no estudiar)* _____ todo el tiempo.

Quiero que mi futura novia *(26. comprarme)* _____flores todas las semanas.

Deseo que ella nunca *(27. olvidar)* _____ nuestro aniversario. Y es

importante que ella *(28. compartir)* _____ conmigo todos sus problemas y

preocupaciones.

Yo cocinaré para ella todas las noches, a menos que a ella también

(29. gustarle) _____ cocinar. Y yo lavaré los platos y limpiaré la casa con tal

de que ella *(30. estar)* _____ siempre conmigo.

Cuando ella *(31. estar)* _____ triste, yo la escucharé.

Cuando ella *(32. tener)* _____ problemas, yo le ayudaré.

Estoy cansado de *(33. estar)* _____ solo en esta ciudad tan

grande. Quiero una amiga o novia *(34. para / para que)* _____

nosotros *(35. pasarlo)* _____ bien. También es importante que ella

(36. tener) _____ un coche rápido y deportivo (un Porsche, por ejemplo),

(37. para / para que) _____ nosotros *(38. viajar)* _____ por

todo el país y *(39. ver)* _____ diferentes lugares.

En caso de que *(40. existir)* _____ alguna mujer que

(41. cumplir) _____ todos mis requisitos, deseo que ella

(*42. llamarme*) _____ lo antes posible. ¡Estoy deseoso de

(*43. conocer*) _____ a la mujer de mis sueños!

15 La historia de los coches

Las calles de la ciudad están llenas de carteles publicitarios que anuncian los últimos modelos de coches. Hoy en día hay coches deportivos que son muy cómodos, que corren a más de 200 kilómetros por hora, que son convertibles, etc. Escriba los pensamientos de Gerardo cuando vea el coche deportivo.

MODELO   Quiero un coche que sea rápido.

_____

_____

_____

_____

_____

_____

_____

_____

16 Gerardo no puede dejar de pensar en los coches

Gerardo recuerde todos los coches que ha manejado desde que obtuvo el permiso de manejar en 1966, cuando él tenía dieciocho años. Complete los pensamientos de Gerardo con la preposición correcta y la forma adecuada del verbo entre paréntesis.

El primer coche que recuerdo en mi vida es el coche de mi papá. Mi papá tenía

un coche que *(1. ser)* _____ muy viejo y muy grande. Era una camioneta

verde del año 52 que nunca *(2. estropearse)* _____ y que además

(3. tener) _____ un motor muy bueno. Cuando yo tenía doce años, yo creía que

la camioneta de mi papá *(4. ser)* _____ la cosa más maravillosa del mundo. No

creía que entonces *(5. haber)* _____ una camioneta más bonita en toda la región.

Cuando cumplí dieciséis años, empecé a leer revistas de coches. Ya no me

parecía que la camioneta de papá *(6. ser)* _____ la mejor del mundo. A

mí no me gustaba ningún coche en particular. Pero, en general, quería un coche que

(7. ser) _____ descapotable, que *(8. tener)* _____ las ruedas

muy grandes y que *(9. correr)* _____ a mucha velocidad. Soñaba con los

coches deportivos Ferrari. Todavía no existían coches que *(10. correr)* _____

a 150 millas por hora. Tampoco existían coches que *(11. funcionar)* _____

con gasolina sin plomo. Los coches hechos en 1960 *(12. correr)* _____ a

un máximo de 120 millas por hora y solamente *(13. funcionar)* _____ con

gasolina con plomo.

Mi padre me enseñó a manejar su camioneta. Pero yo quería para mí un coche que

(14. ser) _____ menos viejo y más moderno. Por eso yo quería que mis

padres *(15. comprarme)* _____ un coche nuevo. Yo no tenía nada de dinero y

necesitaba que mis padres *(16. regalarme)* _____ el coche para mi cumpleaños.

Mi mamá no quería que yo *(17. tener)* _____ un coche y siempre decía que

los coches *(18. ser)* _____ muy peligrosos. Por el contrario, mi papá siempre

(19. animarme) _____ a tomar el examen de manejar. Según él, era necesario

que yo *(20. hacer)* _____ ese examen y que lo pasara lo antes posible.

El día que cumplí dieciocho años, yo *(21. tomar)* _____ el

examen de manejar y *(22. pasarlo)* _____. Yo estaba muy contento

de *(23. tener)* _____ el permiso. Pero a mi madre le preocupaba que

yo *(24. manejar)* _____ muy de prisa. El día que cumplí veintiún

años, mi padre *(25. comprarme)* _____ mi primer coche. Era un

coche rojo que *(26. hacer)* _____ mucho ruido y que las chicas

(27. mirar) _____ cuando pasaba. Mi padre siempre dudó que yo

(28. manejar) _____ de forma segura. Y por eso me compró un coche viejo.

17 El transporte urbano

A veces el viajar en transporte urbano es una experiencia realmente estresante, según con quien viajes. Ud. va a tomar el autobús con un(a) compañero/a que es muy nervioso/a y que siempre tiene un comentario para lo que Ud. dice. Complete las oraciones según el modelo.

MODELO —Mmmm. El autobús no **viene**.
　　　　　　 —¡Que **venga** de una vez el autobús!

1. —Me pregunto si **habrá** lugar para nosotros dos.

   —¡Ojalá _____ lugar para los dos!

2. —A esta hora, **subirá** mucha gente en el autobús.

   —¡Ojalá no _____ tanta gente!

3. —Creo que el conductor no va a **parar** en nuestra esquina.

   —¡Por Dios! ¡Que _____ en nuestra esquina!

4. —Se dice que **subirán** las tarifas del transporte el mes que viene.

   —¡Que no las _____!

5. —El conductor no **deja** subir a una madre con su hijo.

   —¡Que los _____ subir! Nosotros les cederemos el asiento.

6. —A lo mejor **hay** un embotellamiento de tráfico más adelante.

   —Es temprano. ¡Quizás no lo _____!

18 La contaminación en la gran ciudad

Rita es de Buenos Aires y este verano ha ido de vacaciones a un pueblecito argentino muy pequeño. En este pueblecito ha conocido a José Carlos, que nunca ha estado en una gran ciudad. José Carlos quiere saber cosas de la gran ciudad y le hace a Rita muchas preguntas. Responda según el modelo.

MODELO   —¿Cómo se portan las personas en los atascos de tráfico? *(grosero, rudo)*
—<u>Se portan grosera y rudamente.</u>

1.   —Cuando están con sus vecinos o amigos, ¿cómo hablan las personas de la ciudad? *(cuidadoso, lento)*

_____

2.   —Cuando caminan de prisa por las calles, ¿parecen nerviosos? *(bastante)*

_____

3.   —En general, ¿discuten en público? *(no / mucho)*

_____

4.   —¿Afecta mucho la contaminación a la ciudad? *(bastante)*

_____

5.   —¿Cómo se visten las personas cuando van a trabajar a sus oficinas? *(elegante)*

_____

6.   —¿Son altos los edificios? *(sí / muy)*

_____

7.   —¿Cómo caminan los peatones los domingos? *(despacio)*

_____

8.   —¿Cómo critican los ecologistas la vida de la ciudad? *(irónico / sarcástico)*

_____

19 ¡No es posible!

José Carlos no puede creer muchas de las cosas que Rita le cuenta. Para estar seguro de entender bien, le pide que repita todo. Al repetir, reemplaza el adverbio por **una preposición + sustantivo**.

MODELO   —**Generalmente** no se puede ver el sol debido a la contaminación.
          —¿Cómo?
          —Dije que **por lo general** no se puede ver el sol debido a la contaminación.

1. —**Indudablemente** el humo procede de las fábricas y los coches.

   —¿Cómo?

   — _____

   _____

2. —**Frecuentemente** no se puede respirar bien por el humo.

   —¿Cómo?

   — _____

   _____

3. —**Irónicamente** algunos dicen que la vida en la ciudad es una película en blanco y negro, mientras que la vida en el campo es en color.

   —¿Cómo?

   — _____

   _____

4. —**Finalmente** el gobierno ha aprobado una ley para prohibir que los coches expulsen demasiado humo por el tubo de escape.

   —¿Cómo?

   — _____

   _____

20 El abono

Por fin compré mi Abono de Transportes para ir de un lugar a otro en la ciudad, pero precisamente hoy ha llovido tanto que no me sirvió para nada. Complete con el verbo apropiado.

¡Qué día! Hoy me levanté temprano porque sabía que tendría que

(1. salir de / dejar) _____ casa a las ocho si quería

llegar a la oficina a las nueve. Desde mi ventana vi que estaba lloviendo y

decidí *(2. ponerme / poner)* _____ el impermeable para

no mojarme. Cuando llegué a la parada de autobuses me di cuenta de que

(3. había metido / se me había quedado) _____ en casa

el Abono de Transportes que acababa de comprar. ¡Qué tonta! Yo creí

que lo *(4. había metido / había colocado)* _____

en mi bolsillo antes de marcharme pero no fue así.

Mientras lo buscaba desesperadamente, el autobús vino… ¡y

(5. salió / se fue) _____ sin mí! ¿Te lo puedes imaginar? Me

(6. dejó / salió) _____ allí plantada en plena lluvia.

Cuando por fin llegué a la oficina ya era tarde y estaba completamente mojada.

Lo peor es que mi jefe *(7. había colocado / había metido)* _____

un mensaje encima de mi escritorio que decía: "En el futuro, hágame el favor de

(8. ponerse / poner) _____ el despertador

para poder llegar a tiempo a la oficina".

21 La urbanidad

Lea el siguiente artículo y conteste las preguntas.

El colegio que volvió a enseñar urbanidad

Alumnos del Río de la Plata adoptaron el buen trato en el aula.

Algo no habitual y esperanzador ocurre desde hace dos semanas en el Colegio Río de la Plata, un establecimiento educativo privado de la ciudad: los chicos de quinto, sexto y séptimo grados ya no corren por los pasillos, no gritan en la clase, hacen fila, piden las cosas diciendo: "por favor" y dan las gracias.

Como por arte de magia, la amabilidad, la corrección y la cortesía son moneda corriente y se critica la desconsideración hacia los demás como si fuera un pecado mortal.

¿Cuál fue la fórmula del cambio?

Una serie de artículos publicados entre el 23 y el 30 de abril por *La Nación* sobre urbanidad, un ejercicio de reflexión y el entusiasmo de los propios alumnos, como consecuencia de los trabajos que realizaron con sus maestros a partir de las ideas suscitadas por esas ocho notas.

"El colegio hace hincapié en el tema de los valores —explica la psicóloga Patricia Gurmindo, miembro del gabinete psicopedagógico del Río de la Plata—; un medio masivo que legitima los contenidos que se buscan socializar. Si (los alumnos) lo ven en el diario, es parte de la realidad". Graciela Ceriani Cernadas —vicedirectora del nivel primario en castellano

del colegio, situado en Laprida 1659— tuvo la idea de lo que podía hacerse al leer *La Nación* y puso manos a la obra con los maestros de quinto, sexto y séptimo grados.

"Nuestra tarea consistió en organizar el material y bajar los contenidos de los artículos a la cotidianeidad del colegio", relata Ceriani Cernadas.

"Los comentamos en clase, y los chicos hicieron durante una semana un registro de situaciones en las que las faltas a la urbanidad saltaban a la vista —prosigue—. Luego se dividió a los alumnos de los tres grados en equipos. Extrajeron de las notas las ideas principales y elaboraron propuestas para realizar en el colegio".

Los chicos, hasta entonces, actuaban como muchos otros chicos del mundo. Juan, por ejemplo, con sólo once años, era un maestro de la viveza criolla: "Si no hago los deberes les digo a las maestras que se me olvidó la carpeta en casa o que se la comió el perro". Y hasta tenía una filosofía: "Yo sé que hay que intentar ser honesto, pero en este país es poca la gente que lo logra".

Y, de repente, el cambio: "Cuando entendieron la propuesta —se asombra todavía la vicedirectora— empezaron a participar más que en las clases normales y se atropellaban para contar los malos ejemplos que reconocían".

Para sorpresa de sus maestros, los estudiantes elaboraron un largo *mea culpa* de sus actitudes incorrectas.

En lo más alto del ranking de lo impropio figuraban: los empujones y las coladas en la fila del quiosco; atropellarse para salir al recreo y en los pasillos; no respetar a los más chicos cuando se retiran de la escuela; no responder al timbre de entrada y de salida de clase; no usar el "por favor" ni el "gracias" cuando se comunican con sus compañeros y maestros. Los chicos no ignoraban qué estaba bien ni qué estaba mal, solamente no lo practicaban. Los artículos de *La Nación*, más la reflexión colectiva les alertaron la memoria.

Así lo relató Agustina, de séptimo grado: "Son cosas obvias, pero el leerlas me las hizo recordar. Me doy cuenta de que yo también actúo así. Las notas hablan de mí, pude ver mis fallas y modificar mis hábitos".

Los artículos la llevaron a revisar su vida previa. "Cuando fuimos a ver la obra de teatro "Alma de Saxofón", algunos chicos a los que no les gustaba la obra jugaban al teléfono descompuesto —se confiesa—. Después de leer los artículos nos dimos cuenta de que había sido una falta de respeto".

CUANDO LLEGA EL CAMBIO
Saldadas las cuentas con el pasado, los chicos empezaron a cambiar. "Ahora no corremos por

continúa

continúa

los pasillos o por las escaleras —asegura Juan— ni gritamos si hay gente en clase".

Josefina, de séptimo grado, se descubrió agradeciéndole a la gente del comedor cuando le servían y retiraban la comida, y esperando pacientemente su turno en el quiosco. "Antes le gritaba a Gladys, la vendedora, lo que quería —recuerda con una sonrisa—. Ahora hago la fila y listo".

María Marta Chieffo, maestra de quinto grado, explica que los objetivos del ejercicio no se acaban allí. "Queremos que logren reflexionar sobre ellos mismos y que asuman un compromiso con la sociedad —dice—. En el futuro van a ser los encargados de transmitir a los grados inferiores las pautas de convivencia que incorporaron a partir de estas actividades".

1. ¿De cuáles grados son los estudiantes que participan en este nuevo programa?

_____

_____

2. ¿Qué es lo que impulsó a los maestros a enseñar urbanidad?

_____

_____

3. ¿Cuáles eran tres de las actitudes/actividades incorrectas más populares de los estudiantes antes de participar en el programa?

_____

_____

_____

_____

4. ¿Cómo se comportan los estudiantes ahora?

_____

_____

5. ¿Hay programas similares en las escuelas de los Estados Unidos? ¿Piensas que funcionan? ¿Por qué?

_____

_____

_____

_____

22 Opinión

¿Cree que se debe enseñar el comportamiento en la escuela primaria, en casa, o en los dos lugares? ¿Por qué?

_____
_____
_____
_____
_____
_____
_____
_____
_____
_____
_____
_____
_____
_____
_____
_____
_____
_____
_____
_____
_____
_____
_____
_____
_____
_____
_____
_____
_____
_____

23 Preguntas personales

Conteste las siguientes preguntas.

1. ¿Cómo es la comunidad en la que vives?

   _____

   _____

2. ¿Cuáles son los problemas más importantes de la ciudad en la que vives?

   _____

   _____

3. ¿Contribuyes al mantenimiento del medio ambiente? ¿Cómo?

   _____

   _____

4. ¿Qué cambios se tendrían que hacer para mejorar la ciudad o el pueblo en que vives ahora?

   _____

   _____

5. ¿Has oído o leído sobre algún caso de brutalidad por parte de la policía? ¿Cuándo? ¿Cómo? ¿Dónde?

   _____

   _____

6. ¿Piensas que es una buena idea que los ciudadanos lleven algún tipo de arma en el maletín *(briefcase)* para defenderse en caso de un atraco? ¿Por qué?

   _____

   _____

7. ¿Cuáles son algunos de los problemas de vivienda en el lugar donde vives?

   _____

   _____

8. ¿Dónde te gustaría vivir cuando termines tus estudios? ¿Por qué?

   _____

   _____

Capítulo 8

1 ¡Saludos desde Puerto Rico!

Eva y Jaime son estudiantes de ecología de la Universidad de Puerto Rico–Río Piedras. Dentro de una semana, van con varios compañeros de clase a Argentina y a los Estados Unidos para estudiar la ecología de esos países. Antes de irse, pasan unos días en las playas de su país. Jaime decide escribirle una carta a un amigo argentino para contarle sobre su país y recordarle su visita. Complete la siguiente carta que Jaime le ha escrito a su amigo Jorge, usando el vocabulario de este capítulo.

al norte	el llano	selva
árboles	las islas del Caribe	tormenta
arena	olas	truenos
costa	relámpagos	valle

Queridísimo Jorge,

    Te escribo desde una playa hermosa de Puerto Rico. Estoy aquí con mi amiga Eva. ¿Te dije que ella va conmigo y con nuestra clase a tu país? Estamos entusiasmados con la idea de estudiar algunas áreas remotas de Argentina, y yo tengo ganas de charlar contigo también. ¿Cuánto hace que no nos vemos?

    Salimos el próximo viernes pero, hasta entonces, yo me quedo aquí, en la playa Luquillo. Estoy seguro que tu país es hermoso, pero el mío es increíblemente bello. Tiene de todo, desde las playas hermosas con su (1) _____ blanca, el mar con grandes (2) _____ para surfear, hasta la (3) _____ densa de "El Yunque", con sus (4) _____ verdes y sus animales exóticos.

Durante el día de hoy, ha hecho sol y bastante calor, sin embargo, anoche hubo una (5) _____ fuerte. No podía dormir por el ruido de los (6) _____ y la luz de los (7) _____. Pero, como siempre, hoy amaneció con buen tiempo.

Bueno, ahora me despido porque vamos a cenar. Te llamaré en cuanto llegue a Argentina.

Un abrazo,

Jaime

2 Definiciones

Empareje la palabra de la columna A con la definición de la columna B.

A	B
_____ 1. sindicato	A. conjunto de personas que tienen una misma opinión política
_____ 2. ejército	B. grupo que se ocupa del bienestar de los trabajadores
_____ 3. gabinete presidencial	C. personas armadas que forman las fuerzas militares
_____ 4. partido político	D. persona que goza de los derechos políticos de un país
_____ 5. indígena	E. manera violenta de quitarle el poder al partido político que está en el gobierno
_____ 6. huelga	F. restricciones impuestas por el gobierno a los medios de comunicación
_____ 7. golpe de estado	G. habitante con raíces naturales en el país en que vive
_____ 8. democracia	H. sistema de gobierno en el que todos tienen derecho al voto
_____ 9. censura	I. acuerdo entre los trabajadores de una empresa para no trabajar y obligar a los patrones a considerar sus demandas
_____10. ciudadano	J. grupo de colaboradores que aconseja al presidente de una nación

3 Iguazú: Lea la información sobre Iguazú y complete las preguntas.

Jaime y Eva van con sus compañeros de la Universidad de Puerto Rico a Igazú para estudiar la ecología de la catarata. Jaime está consultando con un agente de viajes las diferentes posibilidades de organizar el viaje.

> **IGUAZÚ: LA HERIDA BLANCA DE LA SELVA** —En el rincón donde confluyen Brasil, Argentina y Paraguay surge la herida blanca. El agua se convierte en espuma; los ruidos de la selva en tronar ensordecedor y el visitante, en aturdido espectador de los caprichos de la naturaleza. Es Iguazú, Agua Grande en guaraní, una catarata de tres kilómetros formada por 275 cascadas unidas.

Millón y medio de turistas visitan cada año Iguazú desde Brasil y Argentina. En ambos países forma parte de un parque natural.

El río Iguazú nace en la brasileña Serra do Mar. Luego surca la selva durante 1.300 kilómetros hasta llegar a la catarata. Allí el agua se precipita con furia y ruido y cae 82 metros. Ya estamos en el rinconcito donde confluyen Brasil, Argentina y Paraguay. La catarata tiene casi tres kilómetros de largo y se ubica, casi en su totalidad, en territorio argentino. Los saltos de agua llegan a medir entre 60 y 85 metros. Y su enorme caudal alcanza hasta 12.700 metros cúbicos por segundo.

La catarata es cuatro veces más grande que la del Niágara y esa bellísima cortina de agua, sobre la que continuamente hay un arco iris, son en realidad 275 cascadas juntas.

Nombre: _____ Fecha:_____

Complete las preguntas que le hace el agente de viajes a Jaime. Complételas con el condicional del verbo entre paréntesis y después contéstalas.

1. AGENTE: En la temporada de lluvias, de noviembre a marzo, el enorme caudal del río alcanza hasta 12.700 metros cúbicos por segundo. ¿En qué fecha *(salir)* _____ Uds. de viaje?

   JAIME: _____

2. AGENTE: A Iguazú se puede llegar desde Ciudad del Este (Paraguay), Puerto Iguazú (Argentina) y Foz de Iguazú (Brasil). ¿Desde dónde *(llegar)* _____ Uds.?

   JAIME: _____

3. AGENTE: Tanto en Brasil como en Argentina, las cataratas forman parte de un parque natural que protege el patrimonio animal y vegetal de la zona. Las plantas acuáticas que hay en Iguazú incluyen una variedad, podostemaceae, que sólo crece en aguas rápidas. ¿*(Tener)* _____ interés en hacer excursiones por todo el parque natural? ¿O *(preferir)* _____ visitar simplemente las cataratas?

   JAIME: _____

4. AGENTE: Dudo que Uds. sepan que el explorador descubridor de las cataratas fue el español Cabeza de Vaca. Las descubrió en 1541, y las bautizó con el nombre de las Cascadas de Santa María. Hoy ese rincón se llama Iguazú, que en guaraní significa Agua Grande. Allí, pueden encontrar muchos guías para que les expliquen la historia y geografía. ¿*(Gustarles)* _____ contratar a uno de esos guías para que les acompañe durante todas las excursiones?

   JAIME: _____

5. AGENTE: En cuanto al alojamiento, los lugareños recomiendan dos cosas: dormir en el hotel Cataratas en Brasil y madrugar mucho para asistir al despertar de la selva: cantos de pájaros, aullidos de felinos, sonidos de hojas gigantes mecidas por el viento… ¿A qué hora *(estar)* _____ Uds. dispuestos a levantarse todos los días?

   JAIME: _____

6. AGENTE: El hotel Cataratas, un edificio estilo colonial, está en medio del codo que hace el río antes de la falla. Es un lugar precioso. ¿*(Pagar)* _____ Uds. 85 dólares por noche, o *(preferir)* _____ alojarse en un hotel más barato?

   JAIME: _____

7. AGENTE: En el mismo hotel, se alquilan helicópteros por 25 o 50 dólares. El viaje dura siete minutos. Desde arriba, Uds. *(poder)* _____ ver la isla Grande y la Garganta del Diablo: el más profundo cañón en el que parece que un océano cae en el abismo. ¿*(Alquilar)* _____ el helicóptero? Yo creo que Uds. *(deber)* _____ alquilarlo. No es muy caro y ¡la vista es impresionante!

   JAIME: _____

8. AGENTE: En la parte argentina se puede comprar un paseo completo: la Garganta del Diablo, un paseo por el río Paraná (adonde llega el río Iguazú, 23 kilómetros aguas abajo) en busca del caimán, visita a la isla de San Martín y, desde allí, recorrido por el río hasta la rompiente de las aguas. Todo por 30 dólares, incluyendo un bufé en los jardines del hotel Internacional. ¿*(Comprar)* _____ el paseo completo o *(preferir)* _____ hacer las excursiones por su cuenta?

   JAIME: _____

9. AGENTE: Además, *(deber)* _____ visitar la presa Itaipú, la más grande del mundo, y *(tener que)* _____ hacer la pequeña travesía en barca.

10. AGENTE: *(Ser)* _____ conveniente que Uds. reservaran los boletos con bastante antelación. ¿*(Tener)* _____ Uds. tiempo de pasar por mi oficina esta tarde o mañana por la mañana?

    JAIME: _____

4 ¡Y ahora le toca a Ud.!

Jaime, Eva y sus compañeros de la universidad van a ir a los Estados Unidos después de terminar de estudiar la ecología del área alrededor de Iguazú. ¿Qué recomendaría que hicieran?

1. ¿Adónde los mandarías?

   _____

   _____

2. ¿Dónde podrían alojarse?

   _____

   _____

3. ¿Qué excursiones les propondrías hacer?

   _____

   _____

4. ¿Adónde no recomendarías que fueran?

   _____

   _____

5 El origen de la yerba mate

La siguiente leyenda de los indios guaraníes del Paraguay nos explica el origen de la yerba mate, una planta cuyas hojas se usan para hacer un té llamado mate. Este té se ofrece como símbolo de amistad y hospitalidad en Argentina. Lea la leyenda. Complete las siguientes oraciones y conteste las preguntas.

Se dice que la diosa Luna y la diosa Nube, para bajar a la tierra, tomaron la forma de bellas mujeres. Su tarea era recoger flores. Si veían alguna flor hermosa, la cortaban y se la llevaban al cielo. Cuenta la leyenda que un día que comenzó a caer la tarde, la diosa Luna y la diosa Nube iban de un lado a otro recogiendo flores sin darse cuenta de que ya estaba oscureciendo. Ellas sabían muy bien que si se demoraban recogiendo flores, oscurecería y no podrían llegar al cielo. Mientras decidían si debían cortar una más o volver al cielo se les presentó un tigre feroz. Las dos diosas sintieron un miedo terrible porque si el tigre las mataba, nunca más se verían de noche ni las nubes ni la luna.

Por suerte en ese momento pasaba un muchacho guaraní, y al verlas temblar, se preguntó si ellas correrían algún peligro. Al ver al tigre, el indígena lanzó dos flechas y el tigre cayó al suelo. Temiendo que las puertas del cielo se cerraran, las diosas desaparecieron sin decir una sola palabra. Esa noche, mientras el indio dormía, vio en un sueño a la diosa Luna que le decía que si iba al sitio donde él había matado al tigre, encontraría una planta aromática con la cual podría hacer un té muy rico. Al día siguiente, el indígena fue al lugar indicado y encontró la primera planta de yerba mate. Si no fuera por el muchacho guaraní, nosotros no conoceríamos el mate que se toma en Argentina, Paraguay y Uruguay como símbolo de amistad y hospitalidad.

(adaptado de *Leyendas latinoamericanas*)

1. Si las diosas veían flores hermosas en la tierra,

   _____

   _____

2. La diosa Nube y la diosa Luna sabían muy bien que si se demoraban mucho recogiendo flores,

   _____

3. Mientras decidían si debían seguir cortando flores o volver al cielo,

   _____

   _____

4. Esa noche, mientras el muchacho guaraní dormía tranquilamente, la diosa Luna apareció en su sueño y le dijo que si iba al sitio donde había matado al tigre,

   _____

   _____

5. Si no fuera por el indio guaraní, hoy día nosotros no

   _____

   _____

6. Si tú fueras el muchacho guaraní que mató al tigre, ¿harías lo mismo que él? ¿Por qué?

   _____

7. Si fueras a Argentina algún día y te ofrecieran mate, ¿lo tomarías o lo rechazarías?

   _____

6 Dos días más

Los chicos ya han disfrutado de casi dos semanas de estudios en Argentina. Han visitado muchos lugares y aprendido mucho de la ecología del área. Pero por suerte todavía les quedan dos días. Como ellos quieren aprovecharlos al máximo, Eva consulta con el guía para que le dé algunas sugerencias para todo el grupo. Según el contexto, complete el siguiente pasaje con el presente perfecto del indicativo o del subjuntivo.

Eva (un poco confundida):

Es increíble que nosotros *(1. ver)* _____ tantas cosas en tan pocos días,

pero aún necesitamos algunas sugerencias para poder aprovechar estos últimos días.

Personalmente, yo sé que no quiero quedarme más en la selva… me gustaría ver un poco de

la civilización, si es posible. No hay nadie que *(2. necesitar)* _____ una ducha

fresca y una cama cómoda como yo.

El guía (pensando en voz alta):

Hmmm… Me imagino que Uds. ya *(3. ver)* _____ mucha de la naturaleza

argentina. Podrían hacer una expedición a Buenos Aires si no lo *(4. hacer)* _____

ya. También me encantaría llevarlos de excursión a la ciudad de Rosario si todavía no les

(5. hacer) _____ la oferta. ¡Piénsenlo bien y díganme qué quieren hacer

cuando lo *(6. decidir)* _____!

7 Una visita a Buenos Aires

El grupo de estudiantes ha decidido ir a Buenos Aires para pasar sus últimos dos días en Argentina. Quieren salir por la noche y disfrutar de la vida nocturna de la ciudad cosmopolita, pero no se pueden poner de acuerdo para decidir a qué lugar ir. Complete el siguiente diálogo con la palabra adecuada de la lista.

algo / nada	algún (o / a)	siempre / nunca
alguien / nadie	ningún (o / a)	también / tampoco

EVA: ¡Miren, chicos! Aquí hay una discoteca para bailar salsa, merengue, rumba, samba y lambada.

JAIME: Yo no quiero ir. A mí no me gusta ese tipo de música.

EVA: ¡Eres un aburrido! Tú (1) _____ quieres ir a una discoteca. Sólo te gusta ir al cine o a la biblioteca.

JOSÉ: ¡Sí, sí! ¡Eva tiene razón! Yo (2) _____ pienso que eres un aburrido. Casi (3) _____ pones excusas para no salir por la noche y no ir con nosotros a las discotecas.

JAIME: Hay diferentes formas de pasarlo bien aquí en Argentina. Yo (4) _____ les pregunto si desean ir conmigo al cine. Siempre voy solo y (5) _____ va conmigo.

EVA: ¡No estoy de acuerdo contigo! Cuando vas a ver (6) _____ película interesante, yo siempre voy contigo.

JOSÉ: Está bien, está bien. No discutamos. Estábamos hablando de ir a bailar salsa y merengue esta noche.

JAIME: ¿No hay (7) _____ más interesante para hacer?

EVA: ¿Hay (8) _____ que te guste hacer?

JAIME: No seas irónica. Bueno. Creo que tengo que confesarles (9) _____.

JOSÉ: Cuéntanos. Ya sabes que no tenemos (10) _____ secreto entre nosotros.

JAIME: No quiero ir a bailar porque no sé bailar.

EVA: ¡No importa! Yo (11) _____ sé bailar pero me da

igual. No tengo (12) _____ sentido del ridículo. Y si

(13) _____ se ríe cuando bailo, simplemente no le hago caso.

JAIME: Está bien. Me han convencido. No me iré de Buenos Aires sin bailar salsa,

merengue, rumba y lambada.

8 ¡Y ahora le toca a Ud.!

Conteste las preguntas siguientes.

1. ¿Has bailado alguna vez salsa, merengue, rumba o lambada? ¿Cuándo?

   _____

   _____

   _____

2. ¿Siempre bailas cuando vas a las discotecas? ¿O nunca bailas y prefieres quedarte en la mesa?

   _____

   _____

   _____

3. ¿Conoces a alguien que sepa bailar muy bien estos bailes latinos? ¿Querrías aprenderlos algún día?

   _____

   _____

   _____

9 La política

Antes de irse de Argentina, Jaime decide escribirle una carta a su tío Eduardo, un gran aficionado de la política. Las siguientes oraciones forman parte de la carta de Jaime. Ponga cada una de las siguientes oraciones en la voz pasiva.

MODELO   Los partidos políticos firmarán un convenio.
          <u>Un convenio será firmado por los partidos políticos.</u>

1. El gobierno impuso el orden.

   _____

   _____

2. El gabinete apoyó al presidente.

_____

_____

3. El pueblo eligió a los representantes.

_____

_____

4. La Cámara de Senadores aprobó las leyes.

_____

_____

5. Los dirigentes sindicales agitan a los trabajadores.

_____

_____

6. El sindicato declarará una huelga general.

_____

_____

10 De excursión en Puerto Rico

Jaime y Eva se han hecho novios durante el viaje. Jaime está muy nervioso porque va a conocer a las tías de Eva. Todos juntos se van a ir de excursión a Ponce y Jaime quiere que todo salga bien. Complete el siguiente diálogo entre Jaime y su hermano Rodrigo con la forma adecuada del verbo **quedar.**

quedar	quedar mal con
quedarse	quedarle (a uno)
quedar en (¿en qué?)	

RODRIGO: ¡Oye Jaime! Se te ve tan enamorado. ¿(1) _____

con la chica de tus sueños?

JAIME: ¿Con Eva? Pues tengo una cita con ella a las dos de la tarde. Nosotros

(2) _____ ir a Ponce con sus tías, pero tengo un

problema serio. No sé exactamente dónde (3) _____

la carretera que va allí. ¿Tendrías tú un mapa?

RODRIGO: Sí, sí, claro. Por mi hermanito, cualquier cosa.

JAIME: La mamá y las tías de Eva son encantadoras. Me tratan como si

fuera su hijo. Además es una familia muy tradicional y no quiero

(4) _____ Eva, ahora que van tan bien las

cosas y ya pensamos en casarnos.

RODRIGO: Ya veo. Pero no te preocupes. Estás muy guapo; la ropa que llevas

(5) _____ muy bien. Pero será mejor que te des

prisa. Si tú (6) _____ hablando conmigo, vas

a llegar tarde y entonces sí que vas a (7) _____

Eva y con toda su familia.

JAIME: ¡Tienes razón! Me tengo que ir corriendo porque sólo

(8) _____ quince minutos para pasar a

buscarlas con el coche. ¡Adiós!

RODRIGO: ¡Adiós, hermanito! ¡Ah, y mucha suerte!

11 El nuevo día

Lea el siguiente artículo y conteste las preguntas.

EL PERIÓDICO DE ¡Aventura!

Sección Cultural   Ejemplar Gratuito

Cerebros que se van   *Por Gladys Nievas Ramírez*

EL NUEVO DÍA

MAYAGÜEZ — Puerto Rico cuenta desde ayer con 1.880 profesionales nuevos, aunque gran parte de ellos, especialmente los nuevos ingenieros, se llevarán los conocimientos recién adquiridos a los Estados Unidos.

Durante la octagésima colación de grados, que se efectuó ayer en el coliseo Rafael A. Mangual, el Recinto Universitario de Mayagüez (RUM) concedió diplomas a 646 ingenieros, 641 de la Facultad de Artes y Ciencias, 294 de Administración de Empresas y 111 de Ciencias Agrícolas.

También otorgó 184 grados de maestría y cuatro doctorados en ciencias marinas.

El 46% de la clase del año 2000 pertenece al cuadro de honor y el 52% del total fue de mujeres. Estas acapararon gran parte de los premios otorgados por promedio.

El Premio Luis Stefani Raffucci, galardón máximo del recinto que se otorga al estudiante de bachillerato con un promedio de 4.0, fue concedido a tres mujeres: María de las Mercedes Martínez Iñesta, de Ingeniería, y María Belén Villar Prados y Carmen Ana Pérez Montalvo, de Artes y Ciencias. La clase graduada también fue presidida por la joven Cianella I. Rodríguez.

La colación de grados de este año se llevó a cabo en dos sesiones: por la mañana se graduaron los estudiantes de Ingeniería y Ciencias Agrícolas y por la tarde los de Administración de Empresas y Artes y Ciencias.

La clase de 1950, que conmemora su aniversario de oro, apadrinó la clase del 2000 y se sentó en primera fila.

"El pueblo de Puerto Rico aguarda con entusiasmo y esperanza la contribución que cada uno de Uds. pueda hacer para el bienestar económico y social del país", expresó la rectora Zulma R. Toro durante la ceremonia de la mañana.

Destacó que a esta primera clase graduada del siglo XXI le tocará aportar sus conocimientos tecnológicos para el desarrollo de Puerto Rico sin olvidar los aspectos sociológicos.

La decana de Estudiantes, la doctora Diana Rodríguez Vega, quien sirvió de maestra de ceremonias, exhortó a los graduados a abrir un diálogo transparente en Puerto Rico y a rechazar los prejuicios en contra de la mujer.

"Ahora en el año 2000, que se escuche en todas las esferas del mundo profesional que los graduados del Recinto Universitario de Mayagüez están haciendo cambios positivos", afirmó Rodríguez.

1. ¿Cuál es el problema del que se habla en el artículo?

    _____

    _____

    _____

2. ¿Cuáles son los requisitos para ganar el Premio Luis Stefani Raffucci? ¿A quién(es) se le(s) dio?

    _____

    _____

    _____

3. ¿Qué porcentaje de los estudiantes que se graduaron eran hombres? ¿Te sorprende? ¿Por qué?

    _____

    _____

    _____

4. ¿Por qué se espera que los estudiantes se queden en Puerto Rico después de graduarse?

    _____

    _____

    _____

12 Preguntas personales

Conteste las siguientes preguntas.

1. ¿Piensas que Puerto Rico debe hacerse un estado de los Estados Unidos, independizarse o mantenerse como un Estado Libre Asociado? ¿Por qué?

   _____

   _____

   _____

2. De todos los países hispanoamericanos, ¿cuál te atrae más? ¿Podrías decir por qué?

   _____

   _____

   _____

3. ¿Cuáles son algunos de los aspectos del mundo hispano que más te gustan?

   _____

   _____

   _____

4. Si te ofrecieran una beca para ir a estudiar el próximo año a Puerto Rico, ¿lo harías? ¿Por qué?

   _____

   _____

   _____

5. ¿Podrías nombrar la capital de cinco países hispanoamericanos?

   _____

   _____

   _____

6. ¿Podrías nombrar a tres gobernantes hispanoamericanos?

   _____

   _____

   _____

Capítulo 9

1 Las fiestas

Empareje la tradicional costumbre de la columna A con el día festivo de la columna B.

A	**B**
Las costumbres	**Días festivos**
_____ 1. Hacer nuevos propósitos	A. la Navidad
_____ 2. Adornar las tumbas con flores	B. el Día de la Independencia
_____ 3. Teñir los huevos	C. el Día de los Muertos
_____ 4. Soplar las velas	D. la Pascua
_____ 5. Saludar a la bandera	E. el cumpleaños
_____ 6. Arreglar el Belén	F. el Año Nuevo

2 ¡Y ahora le toca a Ud.!

Conteste las preguntas siguientes.

1. ¿Qué son los villancicos y en qué época se cantan?

   _____

   _____

2. ¿En qué grandes fiestas se come pavo en los Estados Unidos? Y el jamón, ¿lo comes en alguna fiesta familiar?

   _____

   _____

3. Para tu familia, ¿cuáles son los platos típicos de las siguientes fiestas?

   El Día de la Independencia: _____

   El Año Nuevo: _____

   El domingo de Pascua: _____

   Tu cumpleaños: _____

3 Noche de paz, noche de amor

En muchos países hispanos, los platos de pavo son tradicionales en las fiestas de Navidad.
Estudie el siguiente dibujo y en un pequeño párrafo explique la tristeza de la pareja de pavos.

_____

_____

_____

_____

_____

_____

_____

_____

_____

4 Mompox y sus procesiones de Semana Santa.

Se han celebrado las procesiones de Semana Santa en Mompox, Colombia, desde antes de 1643. Son famosas porque son las únicas en el país que son marchadas (dos pasos adelante y uno hacia atrás). Complete las siguientes oraciones con la forma adecuada del verbo entre paréntesis.

1. Al *(llegar)* _____ la Semana Santa, los ciudadanos de Mompox,

   Colombia, *(prepararse)* _____ para *(participar)* _____ en

   las tradicionales procesiones de Semana Santa.

2. Hay que *(reconocer)* _____ que el gran espíritu de las ceremonias y el

   orgullo de su tradición antiquísima *(ser / estar)* _____ típicos de la gente

   momposina.

3. En las procesiones se *(poder)* _____ contemplar los pasos artísticamente

   arreglados y decorados y *(notar)* _____ la dedicación, fe y devoción que

   el pueblo trae a esta ceremonia religiosa.

4. *(Participar)* _____ en las preparaciones o simplemente

   (recorrer) _____ el centro de la ciudad para

   (observar) _____ las procesiones, para muchos,

   (resultar) _____ ser una gran experiencia.

5 La llegada de los Reyes Magos

El día 6 de enero se celebra en el mundo hispano la llegada de los tres Reyes Magos que, hace casi dos mil años, ofrecieron al Niño Jesús oro, incienso y mirra. En muchos países es en este día, y no en Navidad, cuando los niños reciben regalos. Lea el artículo que se refiere a esta tradición y después complete con **por** o **para** las oraciones que siguen.

La Cabalgata anuncia hoy la mágica noche de Reyes

Sus Majestades desembarcarán en el puerto donostiarra a las cuatro y media de la tarde, recibirán las cartas y desfilarán a las siete y media. Cuatro espectaculares carrozas formarán parte del séquito real que con más de 300 pajes recorrerá el centro de la ciudad

CARTAGENA DV
CORO AYCART

La carroza de Melchor. (Foto Mikel)

■ De cinco a siete de la tarde los Reyes recibirán a los niños en la terraza del Ayuntamiento

■ Durante el recorrido lanzarán desde sus fantásticas carrozas mas de 500 kilos de caramelos

Llegó la víspera de tan esperada y mágica fecha de la llegada de los Reyes de Oriente. Los mismos que hace dos mil años ofrecieron al Niño Jesús oro, incienso y mirra, se acercarán hoy a Cartagena cargados de regalos y caramelos. Todo está preparado para que su llegada se convierta en una auténtica fiesta. La Cabalgata, plato fuerte de esta tarde, ultima sus preparativos. A partir de las cuatro y media los tres Magos y los niños se convierten en protagonistas de tan señalado día.

Tradiciones y creencias se aúnan en la celebración de esta tarde. A las cuatro y media está previsto que los Reyes Magos lleguen en su barca al dique exterior del puerto de Cartagena, donde serán recibidos por los niños congregados en el espigón. Minutos antes habrán recogido de la isla Providencia todos los regalos que allí tienen depositados. El Centro de Atracción y Turismo ha recomendado que las barcas particulares salgan a recibir a los Magos, uniéndose a las que realizan los viajes a la isla, que serán utilizados por el propio CAT.

Tras un breve saludo, serán recibidos por el alcalde de la ciudad quien agradecerá en nombre de todos la alegría que traen a los hogares.

Minutos después ocuparán sus tronos instalados en la terraza del Ayuntamiento para poder así entablar conversación con todos aquellos niños que deseen confiarles sus cartas rezagadas.

No sólo los niños acudirán a esta cita anual, también la Coral del Corazón de María ofrecerá a las seis y media un recital de canciones que ambientarán a los Magos durante su estancia en el Ayuntamiento.

Desfile de carrozas

Cuando los relojes apunten las siete y media de la noche, los Magos se dirigirán hacia sus carrozas para proceder al recorrido por las calles de la ciudad, acompañados de 300 pajes.

La carroza del rey Melchor es una fantasía sobre la Basílica de San Patricio de la Plaza Roja de Moscú, con balalaicas, torres y grandes cúpulas, destacando en ellas el color azul.

Mientras tanto, Gaspar viajará en una carroza que nos lleva hacia las tierras nevadas en donde un gran reno sube hacia las alturas arrastrando tras de él un gran trineo cargado de regalos y desde el cual el rey saludará a los pequeños.

La tercera carroza del desfile es la del rey Baltasar, que nos sitúa en su palacio. Se compone de dos grandes torres rosadas rodeadas de una pequeña muralla y en la parte delantera el gran trono decorado con perlas.

Por último, los niños y mayores congregados esta tarde para presenciar la tradicional Cabalgata de Cartagena, podrán admirar la carroza más grande que es aquella destinada a la representación de un Nacimiento viviente. La Virgen, San José y el Niño irán montados sobre una fantasía marina con una gran embarcación sobre olas. También contará con grandes estrellas y un grupo de pequeños angelitos de carne y hueso.

Pero además, en la víspera del día de Reyes participarán más de 300 pajes. El tren txu-txu, rebaños de ovejas, cabras, vacas y mulos cargados de regalos realizarán la larga compañía real que en su lento desfilar lanzará a los ilusionados espectadores más de 500 kilos de caramelos. La Guardia Municipal vestida de gala, los caballitos de Igueldo, los gaiteros de Estella, el grupo de danzas Gastetxo y las fanfarres Fau Txori, los Pomposos y Tirritarra y Kilikariak formarán también parte de este mágico séquito real venido del más lejano Oriente.

Medidas de tráfico

Además de la colocación de 1.500 sillas de uso gratuito a lo largo del recorrido, los servicios municipales han previsto también algunas medidas para regular el tráfico en el centro de la ciudad.

El acceso al puerto se cortará sobre las cuatro de la tarde, por lo que todos los que aparquen en esta zona con anterioridad tendrán dificultad para sacar sus vehículos.

Por otro lado, el cierre del Boulevard se efectuará sobre las seis y siete de la noche, mientras que el cierre al tráfico del circuito se efectuará sobre las siete de la noche y no se podrá acceder al cuadrado formado por Easo, Plaza del Centenario, Prim, Vergara, Idiáquez, plaza de Guipúzcoa y Legazpi.

Se recomienda el acceso al Antiguo por la Variante, a Ayete por el alto de Errondo. Los viajes a Amara y Gros y viceversa se deben realizar por el paseo del Urumea y Árbol de Gernika.

Epifanía en la Catedral

Mañana domingo, solemnidad de la Epifanía del Señor, se celebrará en la Catedral del Buen Pastor a las 10 de la mañana la Misa solemne conventual, en la que se cantará la "Kalenda" o anuncio oficial de las principales fiestas religiosas del año nuevo.

El Coro del Buen Pastor interpretará, bajo la dirección del maestro de Capilla José María Zapirain, con la colaboración del organista titular Manuel Zubillaga, partituras de Reading, Réfice, Garbizu, Donostia, Urteaga y canto gregoriano, alternando con los asistentes en participación activa al acto litúrgico. Al final de la Misa se cantará el tradicional villancico "Mesías" de Bartolomé Ercilla.

Visitas a niños sin hogar

Además, los reyes Magos han hecho llegar su deseo de permanecer también el domingo en Cartagena. Cuando todos, pequeños y grandes, estén disfrutando de los regalos y roscones, los Magos se dedicarán a visitar a los niños sin hogar de Mundo Futuro, la Gardería Roteta y el colegio San José de la Montaña, donde también harán entrega de obsequios. De esta forma se eliminará el sorteo de regalos de la víspera en Alder-di-Eder.

En cualquier caso, las navidades terminan con alegría. En medio de las sorpresas, las ilusiones y los regalos, los niños y los no tan niños reviven hoy una de las noches más fantásticas del año. Sólo falta poner el zapato.

1. Esta tarde los Reyes Magos, Melchor, Gaspar y Baltasar, llegarán desde el Oriente _____ dejarles regalos a los niños.

2. _____ la mayoría de los niños, la llegada de los Reyes es un momento muy emocionante.

3. En la ciudad de Cartagena, habrá un desfile _____ celebrar su llegada.

4. Los Reyes tendrán más de 500 kilos de caramelos _____ el público, y _____ lo tanto todos los niños presentes recibirán algo.

5. Este acto ha sido organizado totalmente _____ grupos socioculturales.

6. _____ muchas semanas se ha venido planeando este evento, y hoy, la víspera de Reyes, está _____ realizarse.

7. A las siete y media de la noche, los Reyes se dirigirán hacia sus carrozas (*parade floats*) _____ comenzar el desfile.

8. Las carrozas desfilarán _____ las calles de la ciudad.

9. La cabalgata primero pasará _____ el Ayuntamiento antes de doblar _____ la avenida Libertad.

10. Habrá 1.500 sillas de uso gratuito _____ los espectadores.

11. El domingo los Reyes Magos serán recibidos _____ los niños. Los más pequeños los tomarán _____ verdaderos reyes.

12. Como portavoz de la ciudad, el alcalde hablará _____ agradecerles a los Reyes _____ traer la alegría y la felicidad a los hogares.

Nombre: _____ **Fecha:** _____

6 ¡Ahora le toca a Ud. escribirles a los Reyes Magos!

Las Oficinas de Correos de algunos países hispanos reciben cada año, durante las semanas antes de la Navidad, miles y miles de cartas dirigidas a los Reyes Magos. Los remitentes, los niños, escriben sus cartas a los Reyes Magos para agradecerles por los regalos del año anterior y para pedirles muchos y nuevos regalos por ser buenos niños. Escriba ahora su carta a los Reyes Magos usando **por** y **para** en las oraciones.

Queridos Reyes Magos:

La Navidad va a llegar pronto. El 6 de enero Uds. vendrán, como todos los años. Les escribo estas líneas *(1. por / para)* _____

_____
_____
_____

Una vez más quiero agradecerles *(2. por / para)* _____

_____
_____
_____

Imagino que, como todos los años, el 6 de enero Uds. vendrán *(3. por / para)* _____ la noche, vendrán *(4. por / para)* _____ llenar mis zapatos con regalos y entrarán en mi casa *(5. por / para)* _____ la magia. No se preocupen *(6. por / para)* _____

_____
_____
_____

Quiero hacerles un cambio. Yo ya estoy cansado(a) de mis viejos juguetes. Les dejaré junto a la chimenea una caja con esos juguetes, *(7. por / para)* _____ que se los den a otros niños. Y se los cambio *(8. por / para)* _____

_____
_____
_____

Quiero pedirles las siguientes cosas, *(9. por / para)* _____ haber sido buen(a) chico(a) durante todo este año pasado:

_____
_____
_____

178

7 Fiestas y festivales durante la Semana Internacional de Jazz y la Semana Internacional del Teatro para Niños en Colombia.

Para el que le guste viajar y le gusten los festivales, estos festivales de jazz y de teatro para niños le ofrecen unas vacaciones increíbles. Complete las frases que aparecen a continuación con las preposiciones **bajo**, **desde**, **hasta**, **entre**, **para**, **por**, **sobre** o **sin**.

• **En Bogotá**, y empezando (1) _____ la capital colombiana, la compañía de danza

dirigida (2) _____ el famoso bailarín Mijail Baryshnikov, actuará (3) _____

los días 8 y 11 de noviembre en el Teatro Colón de Bogotá. (4) _____ duda,

Baryshnikov y su compañía de danza "White Oak Dance Project" tienen fama mundial y, en

los últimos dos años, se han escrito cientos de artículos buenos (5) _____ el grupo.

• **En Barranquilla**, al norte de Colombia, la Nederlands dans Theater, una famosísima

compañía de danza contemporánea, visita esta semana el Palacio de Festivales de

Barranquilla. (6) _____ la dirección y coordinación del bailarín más famoso del

mundo, la compañía ofrecerá un espectáculo con coreografías creadas exclusivamente

(7) _____ ellos (8) _____ coreógrafos de reconocida fama mundial. Las

representaciones tendrán lugar los días 10 y 11 de noviembre, (9) _____ las diez y

media de la noche (10) _____ las doce.

• **Cali** es una ciudad que está (11) _____ Bogotá y el océano Pacífico.

(12) _____ la gente de Cali hay un gran amor por el teatro; (13) _____

todo por el teatro para niños. (14) _____ eso, todos los años muchos grupos

de teatro viajan (15) _____ diferentes países latinoamericanos para representar

sus obras en Cali. Las entradas para el teatro siempre se venden (16) _____

muy temprano y los actores aman al público. El 10 de noviembre, la obra *El pincel* será

representada (17) _____ el grupo belga Teatre de la Guimbarde. La obra durará

(18) _____ las siete de la noche (19) _____ las diez de la noche.

• **En Popayán** se ha celebrado el Festival Internacional de Jazz de Noviembre

(20) _____ 1975. Este año vendrán intérpretes tan carismáticos como

Joe Henderson, Jimi Scott y (21) _____ el mismísimo Tete Montoliú.

(22) _____ el 1 y el 30 de noviembre, cientos de músicos de jazz desfilarán

(23) _____ el escenario y (24) _____ el techo de la Sala Multiusos del

Auditorio. Todos los conciertos comenzarán, (25) _____ excepción, a las diez de la

noche y durarán (26) _____ la una de la madrugada, más o menos.

• **En Medellín**, (27) _____ último, la obra de Albert Camus *Calígula* será

interpretada (28) _____ la dirección de José Tamayo (29) _____ la

Compañía del Teatro de Bellas Artes de Medellín. Los críticos de teatro locales han publicado

muchos artículos (30) _____ esta compañía durante el pasado mes. En general, las

críticas son buenas y, (31) _____ duda, los jóvenes actores tendrán mucho éxito

(32) _____ el público de la ciudad.

8 ¡Ahora le toca a Ud. ser guía turístico y cultural!

Imagine que un(a) amigo/a suyo ha venido a visitarle y desea acudir a tres eventos culturales y tradicionales de su país, estado o región. ¿A qué fiesta le llevaría? ¿A qué carnavales? ¿A qué celebración sociocultural? Diseñe para él o ella un mapa cultural, apuntando los lugares en los que dichos acontecimientos se celebran, y describiendo esos acontecimientos. Use las siguientes preguntas como guía para organizar sus ideas.

> - ¿Dónde se celebra? ¿Entre qué ciudades está ese lugar?
> - ¿Cuándo se celebra? ¿Desde qué día hasta qué día se celebra? ¿Desde qué hora hasta qué hora?
> - ¿Para qué se organiza ese evento? ¿Qué se celebra?
> - ¿Qué piensas sobre esa celebración?
> - ¿Qué es, sin duda, lo más importante que se celebra en ese evento?

Fiestas   **Ferias y Festejos Gastronómicos**   **Celebraciones Socioculturales**

Manifestaciones Deportivas   **Carnavales**   **Ferias de Ganado**

1. _____

_____

_____

2. _____

_____

_____

3. _____

_____

_____

9 ¡Amorcito, ven aquí un momentito!

En el mundo hispánico, sabemos que el uso del diminutivo y del aumentativo es muy común, sobre todo en el ambiente familiar. Chris y Margarita son novios. Sus mejores amigos son de Colombia y por eso se han acostumbrado a utilizar el diminutivo y aumentativo para todo. En una sola conversación de cinco minutos, Margarita y Chris han usado ocho aumentativos o diminutivos. ¿Qué quieren decir? Empareje el diminutivo o el aumentativo de la columna A con una de las definiciones de la columna B.

A	B
_____ 1. pajarito	A. una silla cómoda y amplia
_____ 2. casona	B. una vivienda pequeña
_____ 3. palabrota	C. un ave pequeña
_____ 4. cuartucho	D. una habitación miserable
_____ 5. chiquillo	E. una mala palabra
_____ 6. riachuelo	F. una vivienda muy grande
_____ 7. casita	G. un muchacho muy joven
_____ 8. sillón	H. una pequeña corriente de agua

10 Chris y Margarita planean su viaje a Bogotá para pasar las Navidades.

Chris le explica a Margarita cómo son los pueblos cerca de la capital colombiana, cómo son las casas, los habitantes. También hablan de los juguetes que van a llevar para sus sobrinos de Colombia. Usando el aumentativo o el diminutivo, según el caso. ¿Cómo diría Chris lo siguiente?

1. Un pueblo pequeño y encantador es un _____.

2. Si algo está muy, pero muy cerca, decimos que está _____.

3. Un hombre grande y musculoso es un _____.

4. Una casa pequeña, sucia y mal cuidada es una _____.

5. Un tren de juguete es un _____.

6. Los ojos grandes y hermosos de un niño son unos _____.

11 La bajada del Celedón

Antonio Saavedra cuenta la siguiente anécdota sobre una fiesta única que se celebra en su ciudad natal de Vitoria. Complétala con las palabras apropiadas de la lista.

aparición	fecha	perder
apariencia	dátil	cita
echar de menos (extrañar)	aspecto	añorar

Llevo muchos años viviendo en Estados Unidos, y aunque estoy acostumbrado a vivir aquí, (1) _____ a mi familia y (2) _____ el ambiente alegre tan característico de las épocas de fiestas de mi ciudad. Este verano he decidido volver a Vitoria porque no quiero (3) _____ la celebración de la bajada del Celedón.

La (4) _____ del inicio de esta fiesta es el 4 de agosto, y a las seis menos cuarto miles de personas se reúnen en la plaza de la ciudad para ver deslizarse por un cable al muñeco Celedón. Este cable une la punta de la catedral con la terraza de la casa que está exactamente enfrente de la catedral, pero al otro lado de la iglesia. Los fotógrafos se suben a las farolas y a las estatuas para ver mejor al muñeco Celedón. Al llegar a la terraza, entra y sale otra vez, pero esta vez en forma de persona. Todos gritan ¡Viva Vitoria! Y el Celedón grita, ¡Vivan las fiestas!

Recuerdo la primera vez que vi este espectáculo. Tenía cuatro años, y al ver al muñeco Celedón pensé que era una (5) _____ algo espantosa, y confieso que sentí una mezcla de miedo y confusión. Su (6) _____ era cómico y extraño a la vez. Más tarde, cuanto ya era adolescente, tuve una (7) _____ con Alicia, el amor de mi vida, y la llevé a ver deslizarse por el cable al famoso Celedón. Este verano espero revivir estos recuerdos especiales de mi juventud en Vitoria.

FELICES

FIESTAS

12 El Carnaval

Lea el artículo siguiente y conteste las preguntas.

EL PERIÓDICO DE ¡Aventura!

Sección Cultura   Ejemplar gratuito

El Carnaval de Barranquilla, Colombia

De boca en boca han circulado diversas historias referentes a la manera como el pueblo barranquillero festejaba el Carnaval. Su forma siempre ingenua, graciosa, festiva y ante todo, sana, ha permitido que se conserve como una tradición que se remonta a hace tres siglos.

Las fiestas de Carnaval, de origen europeo, fueron introducidas en América por los españoles y los portugueses. Las de Barranquilla tienen antecedentes próximos en la celebración de las fiestas que se efectuaban en Cartagena de Indias, en época de la Colonia, como fiesta de esclavos. Por esas fechas aparecían por las calles los negros con instrumentos típicos y atuendos especiales, danzando y cantando.

La tradicional novena de La Candelaria, en Cartagena de Indias, sirvió de marco a suntuosos bailes. En el Siglo XVIII se les concedía un día de fiesta a los negros bozales traídos de África. Esas fiestas son la fuente de las principales danzas del Carnaval de Barranquilla.

En la segunda mitad del Siglo XIX, Baranquilla aumentó todos los sectores de su economía y explotó las condiciones geográficas que la empezaban a situar como ciudad principal en la región del Caribe. "La ventaja de estar en la desembocadura de la principal arteria fluvial de Colombia, el río Magdalena, la posibilita para ser un puerto fluvial y marítimo. Su situación en la zona norte de Colombia y en el área circuncaribe, le permite el desplazamiento económico de Cartagena, Mompox, Santa Marta y El Banco, siendo muchos de sus moradores los que vienen a participar de la prosperidad barranquillera", explica Roberto Castillejo en su obra *Carnaval en el Norte de Colombia.*

Históricamente no se tienen datos precisos acerca de la fecha inicial del primer Carnaval celebrado en Barranquilla; su tradición es tan remota como los primeros asentamientos humanos en la costa norte de Colombia. He aquí algunos datos:

1888 — Surgió una figura denominada Rey Momo (símbolo de la máscara).

1899 — Se creó el cargo de presidente del Carnaval y una Junta organizadora.

1903 — Se organizó la primera Batalla de Flores por una propuesta del señor Heriberto Bengoechea para recuperar una tradición carnavalesca de años anteriores.

1918 — Se eligió por primera vez una reina para presidir las festividades del Carnaval. Fue elegida Alicia Lafaurie Roncallo.

1923 — Se institucionalizó a partir de este año la era de los reinados, suspendida durante cinco años. Fue nombrada la damita Toña Vengoechea Vives.

1967 — Se introdujo un evento al Carnaval, la "Gran parada" que se lleva a cabo el segundo día de Carnaval (domingo).

1974 — Por iniciativa de Esther Forero se realizó la primera Guacherna, evento que rescató una tradición perdida: cumbiambas y tambores que en la noche alegraban los barrios de la ciudad.

1. ¿Dónde se originó el Carnaval?

    _____

    _____

2. ¿Por qué se asociaba el Carnaval de Cartagena de Indias con los esclavos?

    _____

    _____

3. ¿Por qué es Barranquilla un buen lugar para tener el Carnaval?

    _____

    _____

4. ¿Cuándo se creó una junta organizadora completa con un presidente para gobernar el Carnaval de Barranquilla?

    _____

    _____

5. ¿Por qué es notable Alicia Lafaurie Roncallo?

    _____

    _____

6. ¿Cómo se llama el evento en que los tambores suenan por la noche en los barrios de la ciudad?

    _____

    _____

7. ¿Qué opinas de las fiestas, tradiciones o deportes en los que los participantes vienen de todas partes de la sociedad/comunidad?

_____

_____

_____

_____

8. ¿Participarías tú en el Carnaval? ¿En qué tipos de actividades? ¿En cuáles no te gustaría participar? ¿Por qué?

_____

_____

_____

_____

13 Preguntas personales

Conteste las siguientes preguntas.

1. ¿Cómo celebraste tu último cumpleaños?

_____

_____

_____

2. ¿Cuáles fueron los dos propósitos más importantes que hiciste en Año Nuevo?

_____

_____

_____

3. ¿Qué días feriados celebra tu familia?

_____

_____

_____

4. ¿Has ido alguna vez a una feria de artesanías? ¿Qué artículos viste? ¿Qué compraste?

_____

_____

5. ¿Cómo se celebra el 4 de julio en los Estados Unidos?

_____

_____

_____

6. ¿Cómo celebraste el día de San Valentín el año pasado?

_____

_____

_____

7. ¿Por qué son tan populares entre los niños las piñatas mexicanas?

_____

_____

_____

8. Los regalos tienen un lenguaje mudo y afectivo. ¿Qué significado tiene para ti si alguien te regala flores? ¿dinero? ¿un libro? ¿un fin de semana en la playa?

_____

_____

_____

Capítulo 10

1 Una obsesión cinematográfica

Complete el siguiente ejercicio con las palabras y frases siguientes.

actor	en vivo	interpretaba el papel
argumento	estrellas del cine	películas
billetes	estreno	personajes
cine	haciendo cola	teatro

María Luisa está obsesionada con todo lo relacionado con el

(1) _____ y el escenario. En un álbum guarda fotografías

de sus (2) _____ favoritas, junto con los fragmentos de los

(3) _____ de todas las (4) _____ que

ha visto en los últimos diez años. María Luisa puede describir perfectamente el

(5) _____ y conoce a todos los (6) _____ de más

de cien películas.

Actualmente su (7) _____ preferido es Antonio Banderas.

¡Lo admira tanto! La semana pasada, durante una tempestad de lluvia torrencial,

pasó horas (8) _____ en el Cineplex San Pedro para ver el

(9) _____ de *Once Upon a Time in Mexico* ¿Por qué hizo una tontería

como ésta? Porque Banderas (10) _____ del protagonista, por supuesto.

Para su cumpleaños su novio la llevó a un (11) _____ en una ciudad

grande de Estados Unidos para ver a Banderas actuar (12) _____. ¡Fue

increíble!

2 Chismes en la noche radiofónica con la periodista Yolanda Flores

Yolanda Flores dirige el programa de noche "No es un sueño". Se emite cada madrugada, de 2 a 5 de la mañana. Sus oyentes son personas que trabajan por la noche, personas con insomnio o simplemente personas a quienes les gusta escuchar los programas de radio nocturnos. Muchas veces, algunos oyentes llaman para contarle sus problemas, para desahogarse o para compartir chismes con los otros oyentes.

Complete la conversación de la página 188 entre la periodista y una oyente amante de los chismes. Termine las oraciones de una forma original. Puede usar los verbos y expresiones que están a la derecha de la foto u otros que desee, siempre que estén en gerundio.

MODELO   Pues… el príncipe de Inglaterra siempre ha salido con muchas chicas y, ahora que está viudo, sigue… <u>saliendo con ellas, invitándolas a cenar al palacio y llevándolas a bailar.</u>

Si no quieres estar solo en la madrugada, Yolanda Flores te hará compañía hasta el amanecer.

Cada madrugada, de 2 a 5h., **Yolanda Flores** presenta: **"No es un sueño"**. Un programa con música, entrevistas y toda la magia de la noche. Con la participación de los oyentes, que cuentan en directo sus vivencias, sensaciones y todo lo que su imaginación les sugiera.

RADIO **1** Kns.

La Radio de actualidad.

arder
besar(se)
contar
decir mentiras
emborracharse
enterarse de todo
escapar de
gritar
hablar mal de
hacer
insultar a
invitar a cenar
llamar por teléfono
llevar a cenar
molestar a
ponerse fuerte
posponer el proyecto
prometer
quejarse
salir con
tirar piedras
vivir feliz

YOLANDA: Buenas noches. Son las tres y media de la mañana. Ésta es la Radio Nacional y estamos retransmitiendo desde Bogotá para todos Uds. En estos momentos, está esperando una oyente para contarnos algunas cosas. —¿Sí? ¿Con quién tengo el gusto de hablar?

1. OYENTE: Buenas noches a todos los oyentes. Me llamo Pepi y en estos momentos estoy preparando la comida para mañana y también estoy _____

_____ .

YOLANDA: Muy bien. ¿Qué le parece si nos cuenta los últimos chismes que sabe?

2. OYENTE: Dicen que el cantante español Enrique Iglesias siempre llamaba por teléfono a su novia antes de cantar en un concierto y todavía sigue _____

_____ .

3. OYENTE: Un jugador de los Lakers se fue de vacaciones con su novia uruguaya y todavía continúan _____

_____ .

4. OYENTE: ¡Qué susto cuando el teatro se incendió mientras Antonio Banderas estaba actuando! Cuando llegaron los bomberos, lo vieron _____

_____ .

5. OYENTE: Los guardaespaldas del presidente siempre van _____

_____ .

6. OYENTE: Dicen que ese actor bebe demasiado porque siempre anda _____

_____ .

7. OYENTE: El otro día Sean Penn estaba de visita en Honduras donde estaba _____

_____ .

8. OYENTE: Y una periodista lo vio _____

_____ .

3 Temas más polémicos en los programas de día

En el programa "Edición de Tarde", el periodista Antonio San José informa y hace comentarios sobre los asuntos más polémicos del momento. Termine sus afirmaciones o comentarios, utilizando el gerundio.

1. En estos momentos, los presidentes más importantes del mundo están _____

   _____

2. El problema de la violencia continúa _____

   _____

3. El terrorismo sigue _____

   _____

4. Gracias a la televisión, cuando ocurre un accidente, telespectadores de todo el mundo ven a las víctimas desesperadas y _____

   _____

4 Para el año 2025, ¿qué cambios habrá implantado la teleconferencia?

Cuando Julio Verne anticipó el mundo del futuro en sus obras, no imaginó algo como la teleconferencia, sistema que consiste en mantener conferencias por televisión vía satélite. Actualmente muchas compañías la usan, y los altos directivos celebran reuniones sin estar físicamente juntos.

Complete con el futuro, o el futuro perfecto, algunas de las predicciones para el futuro y para el estado de este sistema en el año 2025.

1. La historia de la teleconferencia comienza con Jack Caldwell, un joven

   ejecutivo de la "Ford Corporation", a quien probablemente todo el mundo ya

   (olvidar) _____ para el año 2025. Caldwell quería mejorar los

   contactos entre los miembros de la gigantesca industria automovilística.

2. Caldwell, con la ayuda de ATT, "descubrió" la teleconferencia, y hoy en día todas las filiales

   de Ford tienen *"video rooms"*. También las tienen decenas de grandes corporaciones

   e importantes ministerios del gobierno norteamericano. Para el año 2025, centenas

   o miles de corporaciones *(instalar)* _____ ya sus equipos de

   teleconferencias y todas las reuniones *(celebrarse)* _____ sin contacto

   físico de los participantes.

3. Este sistema comenzó a explotarse comercialmente a partir de 1981. Poco a poco

   comenzaron a bajar los costos y se mejoró la calidad de la imagen. Para el año 2025,

   el precio ya *(reducirse)* _____ un 80% y la calidad de la imagen

   (ser) _____ similar a la imagen de televisión por cable.

4. Para el año 2025, la teleconferencia será un producto de uso masificado. Todas las

   familias ya *(comprar)* _____ un teleteléfono y en todas las casas

   (haber) _____ una cámara frente al teléfono para mandar la imagen

   de los hablantes.

5. Creo que incluso yo *(instalar)* _____ un teleteléfono

    en mi apartamento. Es seguro que para el año 2025 los teleteléfonos

    (convertirse) _____ en productos muy comunes y

    (no haber) _____ nadie sin teleteléfono.

6. Probablemente, con el uso de las teleconferencias, ya *(desaparecer)* _____

    los edificios de la universidad. Los profesores *(dar)* _____ sus

    clases desde sus casas y los estudiantes *(tomar apuntes)* _____

    sin tener que ir a la universidad. Los teatros, los cines, las salas culturales, etcétera,

    (cerrar) _____ sus puertas, y todos los eventos culturales

    (poder) _____ verse desde casa.

7. Mi madre dice que para el año 2025 el mundo *(volverse loco)* _____ y

    que las personas *(olvidar)* _____ la importancia del contacto personal

    y físico.

5 ¿Qué habrá hecho Ud. para el año 2025?

1. ¿Te habrás casado para el año 2025? ¿Con quién?

_____

_____

_____

_____

_____

_____

2. ¿Te habrás convertido en una persona importante? ¿Por qué?

_____

_____

_____

_____

_____

_____

3. ¿Qué crees que no habrás hecho?

_____

_____

_____

_____

_____

_____

6 No todos los programas son aptos para niños

La semana pasada hubo un ciclo de películas en Colombia. José Ángel es amante del cine. Sin embargo, esta semana apenas ha podido ver la televisión porque ha tenido que cuidar a su hermana Belén, que tiene seis añitos.

Complete la siguiente conversación entre José Ángel y su amigo Cecilio, que le ha llamado por teléfono para discutir los programas que han visto esta semana. Utilice el condicional perfecto (y el pronombre adecuado) según el modelo.

MODELO   ¿Viste la **película** *Terminator* en la televisión?
No, no la vi. **La habría visto,** pero tenía demasiada violencia para mi hermana y cambié de canal.

CECILIO: ¡Hola, José Ángel!

JOSÉ ÁNGEL: ¡Hola, Cecilio! ¡Qué sorpresa! No te he visto en toda la semana. ¿Dónde has estado?

CECILIO: He estado pegado a la televisión. Esta semana ha habido una programación estupenda.

JOSÉ ÁNGEL: Sí, ya sé. Pero he estado toda la semana cuidando a mi hermanita.

CECILIO: El lunes vi la película *El espíritu de la colmena* de Víctor Erice. **¿Viste tú esa película?**

JOSÉ ÁNGEL: No, no la vi. (1) _____ pero en esa película sale Frankenstein y mi hermana le tiene miedo a Frankenstein. Cambié de canal.

CECILIO: El miércoles pusieron la película americana *Deliverance* con Burt Reynolds. **¿Te entretuvieron** mucho las aventuras del grupo de amigos en Georgia?

JOSÉ ÁNGEL: (2) _____ pero no pude ver esa película porque en la crítica de la revista se decía que tenía imágenes de impacto. Mi hermana todavía es muy joven para ver imágenes impactantes.

CECILIO: El domingo pusieron *Los Teleñecos* (The Muppet Movie). Me imagino que esa película no era violenta para tu hermana. **¿Te reíste** mucho **con la rana Kermit y la cerdita Piggy?**

JOSÉ ÁNGEL: (3) _____ pero tampoco pude ver esa película porque era a las 12:20 del día, y a esa hora mi hermana tiene que almorzar. Dicen que es malo que los niños coman mientras miran la televisión.

CECILIO: ¿Y qué tal la película *Sentido y Sensibilidad*? **¿Te gustó?**

JOSÉ ÁNGEL: (4) _____ pero no pude verla. Era muy sentimental y mi hermana empezó a llorar. Tuve que apagar la televisión.

CECILIO: **¿Te asustó** la escena final de *Sospechosos habituales*?

JOSÉ ÁNGEL: (5) _____ pero obviamente no pude ver esa película con mi hermana. Había demasiada sangre, disparos y violencia.

CECILIO: Ya entiendo. **Has estado** toda la semana **viendo programas deportivos** en la televisión.

JOSÉ ÁNGEL: (6) _____ pero los psicólogos dicen que los programas deportivos son malos para los niños. Provocan el sentimiento de competitividad en el niño.

CECILIO: Entonces, ¿qué puede ver tu hermana? ¿Qué han visto Uds. dos en la televisión esta semana?

JOSÉ ÁNGEL: ¡Hemos visto lo que estaban viendo los 101 dálmatas!

7 Las leyendas del cine.

¿Qué hubiera pasado si… ? Completa las condicionales imposibles, según este modelo.

MODELO James Dean murió en su Porsche a los veinticuatro años (1955). Si no…, ¿qué película habría hecho después de *Gigante?*
Si no hubiera muerto en su Porsche a los veinticuatro años, James Dean **habría protagonizado** la película Proposición indecente.

1. Elvis Presley murió joven. Si no…, ¿qué tipo de música habría cantado en los años 90?

   _____
   _____

2. Michael J. Fox se enfermó en 1991 y decidió jubilarse en 2000. Si no…, ¿hasta qué edad habría tenido éxito como actor?

   _____
   _____

3. Tom Hanks actuó en *Saving Private Ryan*, dirigido por Steven Spielberg. Si Tom Hanks no…,¿quién habría sido el protagonista principal de esa película?

   _____
   _____

4. Charlie Chaplin vivió a principios del siglo XX. Si … sino a fines del siglo XX, ¿qué comedias habría interpretado?

   _____
   _____

5. Fred Astaire no sabía bailar rap. Si…, ¿a qué grupo musical habría pertenecido hoy en día?

   _____
   _____

6. Frankenstein no existió de verdad. Si…,

_____

_____

7. Ben Affleck…

_____

_____

8. Jennifer López

_____

_____

8 El cine español y los premios Goyas

Cada año la Academia de Artes y Ciencias Cinematográficas de España entrega los premios Goyas a los mejores artistas del año. Complete las oraciones con el pronombre relativo **que** o **quien(es)**.

1. La entrega de premios _____ tuvo lugar en el Palacio de Congresos y Exposiciones de Madrid fue transmitida en directo por Televisión Española.

2. Las películas *Átame* y *¡Ay, Carmela!*, _____ tuvieron quince menciones cada una, fueron las películas favoritas para estos premios.

3. Pedro Almodóvar, _____ dirigió *Átame*, ya había ganado un Óscar por la mejor película extranjera con *Mujeres al borde de un ataque de nervios*.

4. Antonio Banderas, con _____ Pedro Almodóvar había trabajado mucho, fue mencionado como el mejor intérprete masculino.

5. Las actrices de _____ más se habló fueron Carmen Maura y Victoria Abril.

6. Otras películas _____ recibieron mención fueron *Las cartas de Alou, Lo más natural* y *A solas contigo*.

9 Multicines Ideal

Forme una sola oración, usando los ponombres relativos **que** o **quien.**

> **MODELO**   A los jóvenes les gustan las películas. En las películas hay mucha acción.
> <u>A los jóvenes les gustan las películas **en que** hay mucha acción.</u>

1. Multicines Ideal pasa las mejores películas. Multicines Ideal está en la Plaza de Benaventa.

    _____

    _____

2. *Las edades de Lulú* provocó gran polémica. *Las edades de Lulú* es bastante erótica.

    _____

    _____

3. Julia Roberts es la protagonista principal de *Línea Mortal*. Julia Roberts tuvo mucho éxito con la película *Pretty Woman*.

    _____

    _____

4. Carmen Maura es la protagonista principal en *¡Ay, Carmela!* El público admira a Carmen Maura.

    _____

    _____

5. Miguel Bosé es un cantante famoso. Miguel Bosé actúa en *Lo más natural*.

    _____

    _____

10 Al ritmo del básquetbol (baloncesto)

Mire al anuncio de Radio Popular COPE. Después, complete las ocho oraciones con el pronombre relativo **que**, **el que**, **lo que**, **la que**, **los que** o **las que**.

Todos los sábados a partir de las 6 de la tarde se pide "Tiempo Vivo" en la COPE. El ritmo de tu música preferida para que, a continuación, vivas en directo el gran baile de los gigantes. TIEMPO DE JUEGO BALONCESTO. Un equipo de altura capitaneados por el ala-pivot de la información deportiva AGUSTÍN CASTELLOTE. Las magistrales asistencias de la gran revelación de esta temporada JUAN PABLO ORDUÑEZ. Y la magia americana de la NBA conducida por el espectacular MIGUEL ÁNGEL PANIAGUA.

Sintoniza con la COPE.
Entran todas.

**TIEMPO DE JUEGO
BALONCESTO**
SÁBADOS A PARTIR DE LAS 17 HORAS

1. La emisora de radio COPE es _____ ofrece los juegos de baloncesto en directo.

2. De ahora en adelante, _____ no puedan asistir al juego en el estadio podrán escucharlo por radio.

3. _____ dice el anuncio es que los oyentes pueden escuchar canciones todos los sábados a partir de las seis, para que el "tiempo muerto" de los partidos sea un "tiempo vivo".

4. _____ mejor conoce la información deportiva es Agustín Castellote.

5. El locutor de radio _____ informa sobre la liga norteamericana NBA se llama Miguel Ángel Paniagua.

6. El baloncesto, _____ en Hispanoamérica se llama básquetbol, aumenta en popularidad año tras año.

7. Cada vez más el baloncesto recibe mayor atención por parte de los medios de comunicación, _____ agrada mucho a los aficionados.

8. Los jugadores norteamericanos, Magic Johnson y Michael Jordan, han sido _____ más fama tuvieron entre el público aficionado.

11 Barrido telefónico

¿Le ha sucedido alguna vez que, mientras está hablando por teléfono, tiene la impresión de que alguien está escuchando su conversación? Existe un servicio de protección de llamadas telefónicas, como puede ver en el siguiente anuncio. Complete las oraciones con **pero**, **sino**, **sino que** o **sino también**.

☎ **BARRIDO TELEFÓNICO**

CÓMO SABER SI ESCUCHAN SUS CONVERSACIONES TELEFONICAS.

DETECTAMOS INTERCEPCIONES A CUALQUIER DISTANCIA.

PROSELEC, S.A.
Tel. (92) 642 94 32

LIDER MUNDIAL

1. Se supone que una conversación telefónica es privada _____ no siempre es el caso.

2. Hay personas que no sólo escuchan las conversaciones, _____ las graban.

3. Si éste es el caso, no debes preocuparte _____ debes llamar de inmediato a Barrido Telefónico.

4. Nosotros detectamos intercepciones no sólo en Honduras, _____ en el resto del mundo.

5. Puede ser que ya hayan escuchado tus conversaciones telefónicas _____ nunca es demasiado tarde para remediar los problemas.

6. No sólo ofrecemos este servicio de seguridad telefónica _____ otros. Llámanos hoy mismo.

12 La prensa rosa

Lea el artículo y haga el proyecto.

La prensa rosa,
un fenómeno español con tres millones de
ejemplares semanales

A CORAZÓN ABIERTO

Son elemento de decoración indispensable de cualquier antedespacho que se precie.
Su presencia es imprescindible en peluquerías y habitáculos de belleza femeninos.
Son la «biblia» de las «marujas» y el soporte imprescindible de fantásticos sueños y terapias de consuelo. Mueven 10.000 millones de pesetas de publicidad al año, 13 millones de lectores y tres millones de ejemplares semanalmente. Sus páginas reflejan la risa y el llanto de la España conocida, no importa de qué. También asoman rostros internacionales, populares artistas y políticos. Tan sólo cinco publicaciones son culpables de todo ello y, aunque se las ha adjetivado mucho, únicamente les cuadra un calificativo: la prensa con cerebro. Y esto lo respalda el gran número de corazones de sus lectores y anunciantes, con unas cifras de infarto.

SUS CARACTERISTICAS

Publicación	Fec. nac.	Periodic.	Precio	Páginas
Lecturas	1921	Semanal	200 ptas.	152
Semana	1940	Semanal	200 ptas.	124
¡Hola!	1944	Semanal	200 ptas.	164
Diez Minutos	1951	Semanal	200 ptas.	164
Pronto	1972	Semanal	100 ptas.	97

Las tres peculiaridades que la definen

TRIO DE CORAZONES, SU GRAN BAZA

Esta es una baza que no sólo califica a la prensa del corazón, sino que la distingue y define. Con estas tres «cartas», el sector ha superado sus bodas de oro y ha supervivido dentro de la profesión con una envidiable rentabilidad, a decir de otros sectores. Son tres adjetivos sustantivados que han logrado que este tipo de publicaciones consigan esas enormes tiradas y audiencias, y que Julio Bou, director de *Lecturas*, resume así:

■ **LA AMABILIDAD**. Una cualidad que se traslada desde la selección de noticias, al enjuiciamiento de los personajes y hechos, hasta la forma de tratarlas o ilustrarlas.

Cuando un famoso padece cáncer, siempre se verá publicado que tiene una penosa enfermedad y nunca se la nombra a ésta. Un titular jamás dirá que el personaje se ve hundido en la desesperación por la muerte de un hijo, sino que se habla de su vuelta al trabajo, tras el luctuoso suceso.

Buscan la mejor cara de la moneda y la ofrecen en sus páginas, porque «todo debe ser bonito y agradable, o casi todo. Los lectores se sumergen en ese mundo ávidos de evasión y dispuestos a huir de las preocupaciones diarias», explica Bou. No pretenden más.

■ **LO GRAFICO**. Predomina la ilustración por encima del texto, unas cuatro veces más, claro que es preferible que sean instantáneas que muestren detalles de cómo viven los protagonistas o dónde pasaron los hechos, más que el retrato del mejor fotógrafo.

El lector se identifica con Sofía Loren y su cocina, al compartir el mismo electrodoméstico, o «copia» el modelo de Marta Chávarri que lució en una fiesta o imita la decoración del salón de Isabel Preysler. El caso es que de alguna forma el público se interesa por la foto.

Si las fotografías permiten, por un lado, la comprensión de un acontecimiento, sin obligarse a su lectura; por otro, hacen partícipes del espectáculo.

Casi se puede «vivir» una ceremonia, por ejemplo una boda, como si la lectora fuese un invitado más. «Podrá comentar el vestido de la novia, los diferentes modelos de los asistentes, el emplazamiento…» La revista estuvo allí y esto lo pone al alcance de su audiencia.

Por ello, una sola fotografía en color, por poner un ejemplo, del enlace del desaparecido magnate griego Onassis con Jacqueline Kennedy costó 100.000 pesetas de las de 1968.

■ **LA VERDAD**. Quizá un término sorprendente que, sin embargo, viene avalado por la publicidad, ya que la prensa del corazón constituye el sector de revistas de mayor volumen como soporte publicitario. «Es bien sabido — recalca Bou— que los anunciantes huyen de las publicaciones sensacionalistas y escandalosas. El anunciante de marca prestigiosa exige para su mensaje un entorno de veracidad.»

Uno de los más draconianos motivos que confirman la anterior característica es su propia condición gráfica, ya que, aunque se puede «refritar» una historia, no es posible inventarse las imágenes que la ilustran. Por lo menos esto es lo que dicen todos los que forman parte del equipo directivo de estos medios.

Proyecto final: Elaboración en grupo de una revista del corazón

Después de diez capítulos de práctica y trabajo, ¿cree que sería capaz de diseñar en español una revista del corazón con todas las noticias, chismes y asuntos que han ocurrido en su clase de español este trimestre o semestre? Reúnanse con algunos compañeros y organicen la revista:

- Noticias en portada
- Número de páginas
- Noticias de segundo grado
- Color
- Fotografías

Use una hoja de papel aparte.

13 Preguntas personales

Conteste las siguientes preguntas.

1. ¿Qué sección del periódico te gusta más? ¿Por qué?

   _____

   _____

   _____

   _____

2. ¿Has puesto alguna vez un anuncio en el periódico? ¿Con qué propósito?

   _____

   _____

   _____

   _____

3. ¿Cuál crees que fue el acontecimiento más grande del año?

   _____

   _____

   _____

   _____

4. ¿Qué películas están dando en los cines de tu barrio?

   _____

   _____

   _____

   _____

5. ¿Crees que la televisión debe educar o entretener a los televidentes? ¿Por qué?

   _____

   _____

   _____

   _____

6. ¿Cuáles son las características que más te gustan en un actor (una actriz) de cine?

   _____

   _____

   _____

   _____

7. Si hubieras sido actor (actriz) de cine, ¿a quién te habría gustado parecerte? ¿Por qué?

   _____

   _____

   _____

   _____

8. En tu opinión, ¿quiénes son las tres personas más famosas de la televisión? ¿Por qué?

   _____

   _____

   _____

   _____